法理學

呂剛 主編

崧燁文化

目 錄

導論　法學和法理學 ……………………………………………………（1）

第一章　法的概念 ………………………………………………………（3）
　　第一節　法的特徵 …………………………………………………（3）
　　　　一、法和法律的詞源 ……………………………………………（3）
　　　　二、法律的特徵 …………………………………………………（3）
　　第二節　法的本質 …………………………………………………（5）
　　　　一、關於法律本質的主要學說 …………………………………（5）
　　　　二、法律本質的三個層次 ………………………………………（5）

第二章　法的淵源與法律分類 …………………………………………（7）
　　第一節　法律淵源 …………………………………………………（7）
　　　　一、法律淵源的釋義 ……………………………………………（7）
　　　　二、法的淵源的歷史發展和趨勢 ………………………………（7）
　　　　三、法的淵源的一般類別 ………………………………………（8）
　　　　四、中國的法律淵源 ……………………………………………（9）
　　第二節　法律分類 …………………………………………………（11）
　　　　一、法的一般分類 ………………………………………………（12）
　　　　二、法的特殊分類 ………………………………………………（13）

第三章　法律結構與法律效力 …………………………………………（14）
　　第一節　法律結構 …………………………………………………（14）
　　　　一、法律結構概述 ………………………………………………（14）
　　　　二、法律概念 ……………………………………………………（14）
　　　　三、法律規則 ……………………………………………………（14）

四、法律原則 ……………………………………………………（16）
　　　五、技術性規定 ……………………………………………………（16）
　第二節　法律效力 …………………………………………………………（16）
　　　一、法律效力釋義 …………………………………………………（16）
　　　二、法律效力的等級 ………………………………………………（17）
　　　三、法律效力的範圍 ………………………………………………（17）

第四章　法的價值和法律行為 …………………………………………………（20）
　第一節　法的價值概述 ……………………………………………………（20）
　　　一、價值的含義 ……………………………………………………（20）
　　　二、法的價值的含義 ………………………………………………（20）
　第二節　法的基本價值 ……………………………………………………（21）
　　　一、秩序 ……………………………………………………………（21）
　　　二、自由 ……………………………………………………………（22）
　　　三、正義 ……………………………………………………………（24）
　　　四、平等 ……………………………………………………………（26）
　　　五、效率 ……………………………………………………………（28）
　第三節　法律行為 …………………………………………………………（31）
　　　一、法律行為的釋義 ………………………………………………（31）
　　　二、法律行為的分類 ………………………………………………（32）

第五章　法律關係與法律責任 …………………………………………………（34）
　第一節　法律關係 …………………………………………………………（34）
　　　一、法律關係概述 …………………………………………………（34）
　　　二、法律關係的構成要素 …………………………………………（35）
　　　三、法律關係的分類 ………………………………………………（37）
　　　四、法律關係的運行 ………………………………………………（38）
　第二節　法律責任 …………………………………………………………（39）

一、法律責任釋義 …………………………………………… (39)
　　二、法律責任的特點 …………………………………………… (39)
　　三、法律責任產生的原因 ……………………………………… (40)
　　四、法律責任的種類 …………………………………………… (41)
　　五、法律責任的功能 …………………………………………… (41)
　　六、法律責任的歸結、承擔和免除 …………………………… (42)

第六章　權利、義務和權力 …………………………………………… (44)
　第一節　權利與義務概述 …………………………………………… (44)
　　一、權利與義務的概念 ……………………………………… (44)
　　二、權利的特徵 ……………………………………………… (44)
　　三、義務的特徵 ……………………………………………… (45)
　　四、權利和義務的分類 ……………………………………… (45)
　第二節　權利與義務的關係及意義 ………………………………… (47)
　　一、權利和義務的關係 ……………………………………… (47)
　　二、權利和義務的意義 ……………………………………… (48)
　第三節　權力概述 …………………………………………………… (49)
　　一、權力的概念和特點 ……………………………………… (49)
　　二、權力的分類 ……………………………………………… (51)
　　三、權力和權利的關係 ……………………………………… (51)
　　四、權力和職責的法律意義 ………………………………… (52)

第七章　法系 …………………………………………………………… (54)
　第一節　法系概述 …………………………………………………… (54)
　　一、法系釋義 ………………………………………………… (54)
　　二、法系的分類 ……………………………………………… (54)
　第二節　大陸法系 …………………………………………………… (55)
　　一、大陸法系釋義 …………………………………………… (55)

二、大陸法系的形成和發展……………………………………………（55）
　　三、大陸法系的特徵……………………………………………………（56）
第三節　英美法系……………………………………………………………（57）
　　一、英美法系釋義………………………………………………………（57）
　　二、英美法系的產生和發展……………………………………………（57）
　　三、英美法系的特徵……………………………………………………（58）
　　四、兩大法系的演變及發展趨勢………………………………………（59）

第八章　法的制定……………………………………………………………（61）

第一節　法律制定的概述……………………………………………………（61）
　　一、法律制定釋義………………………………………………………（61）
　　二、法律制定的特徵……………………………………………………（61）
　　三、法律制定的分類……………………………………………………（62）
第二節　立法理念……………………………………………………………（63）
　　一、立法指導思想………………………………………………………（63）
　　二、立法基本原則………………………………………………………（63）
第三節　立法體制……………………………………………………………（65）
　　一、立法體制釋義………………………………………………………（65）
　　二、中國現行立法體制的特徵…………………………………………（65）
　　三、中國的立法體制……………………………………………………（66）
第四節　立法程序……………………………………………………………（68）
　　一、立法程序釋義………………………………………………………（68）
　　二、中國現行的立法程序………………………………………………（68）

第九章　法的實施……………………………………………………………（70）

第一節　法的實施概述………………………………………………………（70）
　　一、法的實施的概念……………………………………………………（70）
　　二、影響法的實施的主要因素…………………………………………（70）

第二節　法的遵守 …………………………………………………………(71)
    一、守法的概念 …………………………………………………………(71)
    二、守法的構成要素 ……………………………………………………(72)
  第三節　法律執行 …………………………………………………………(73)
    一、執法的概念 …………………………………………………………(73)
    二、執法的特徵 …………………………………………………………(73)
    三、執法的主體 …………………………………………………………(74)
    四、執法的功能 …………………………………………………………(75)
    五、執法的基本原則 ……………………………………………………(75)
  第四節　法律適用 …………………………………………………………(77)
    一、法律適用釋義 ………………………………………………………(77)
    二、法律適用的基本原則 ………………………………………………(78)
    三、執法與司法的區別 …………………………………………………(80)

第十章　法的監督 …………………………………………………………(81)
  第一節　法律監督概述 ……………………………………………………(81)
    一、法律監督釋義 ………………………………………………………(81)
    二、法律監督的構成要件 ………………………………………………(81)
    三、法律監督的制度模式 ………………………………………………(82)
  第二節　國家法律監督 ……………………………………………………(82)
    一、國家權力機關的監督 ………………………………………………(82)
    二、國家行政機關的監督 ………………………………………………(83)
    三、國家檢察機關的監督 ………………………………………………(83)
    四、國家審判機關的監督 ………………………………………………(84)
  第三節　社會法律監督 ……………………………………………………(84)
    一、政黨監督 ……………………………………………………………(84)
    二、公民監督 ……………………………………………………………(85)
    三、社會輿論監督 ………………………………………………………(85)

四、社會團體監督 …………………………………………………（85）

習題及答案 ……………………………………………………………（86）

大綱熱點 ……………………………………………………………（111）

導論　法學和法理學

一、法學的研究對象和範圍

中國最早是用「刑」來指代法，先秦時期就有「大刑用甲兵」「刑起於兵」的說法，也制定出了《禹刑》《湯刑》和《九刑》。後「法」和「律」都有用來指稱法律。現代意義上作為社會科學分支的法學，則是在19世紀西學東漸以後出現在漢語中的詞語，1868年日本法學家津田真道首次用日文漢字「法學」二字來對應翻譯英文 Jurisprudence, Science of Law 以及德文 Rechtswissenschaft 等西文中現代意義上的「法學」一詞。隨後，在維新變法時期該詞彙傳入中國。1896年，梁啟超在其《論中國宜講求法律之學》一文中呼籲：「今日非發明法律之學，不足以自存。」至清末大規模法制改革之時，此詞此意已被廣泛使用。

(一) 法學的研究對象

法學，又稱法律科學，是研究法律現象及其發展規律的一門社會科學。法學的研究對象是法律現象及其發展規律。

法律現象是人類社會發展到一定階段所產生的一種特殊的社會現象，包括法律條文、法律行為、法律職業、法律關係等。學習法學專業不僅是要熟悉法律條文，法律條文只是法律現象之一，學習法學專業更重要的是應當掌握各種法律現象及其彼此之間的關係和發展規律。法學不僅要研究法律現象本身，而且還要通過對法律現象進行綜合分析，研究其發展規律。

當然，法學研究的對象不僅包括靜態的法律，而且還包括動態的法律，關於法學和政治、經濟、宗教、道德、文化等其他社會現象之間的關係，也是研究的內容之一。

(二) 法學的研究範圍

法學研究的具體範圍是與法學的分科有著密切聯繫的。法學由眾多分支學科組成，這些分支學科彼此相對獨立又互相聯繫，從而形成一個統一整體，叫作法學體系。由於法律發展程度和法學研究水平的差別，不同國家、不同時期對法學體系的劃分都不太明確，並沒有一個固定模式，但在各類劃分中，法理學都被置於基礎的地位。一般認為，中國當前的法學體系主要由六個部門組成，每個部門又包括若干具體學科，這六個部門是：理論法學（包括法理學、法社會學、法文化學、法經濟學、行為法學等）；法史學（包括中國法制史、外國法制史、中國法律思想史、外國法律思想史、法學史等）；國內法學（包括憲法學、行政法學、民法學、刑法學、經濟法學、訴訟法學等）；外國法學（如美國憲法學、法國民法學、日本刑法學等）；國際法學（包括國際公法學、國際私法學、國際經濟法學等）；法學邊緣學科（包括犯罪心理學、刑事偵查

學、法醫學以及隨著科技與社會發展而不斷產生的網路法學、基因法學等）。

二、法理學的基本情況

「法理學」一詞本為日文漢字，是由日本近代法律文化的主要奠基人穗積陳重創造的。一般認為，穗積陳重為中國人引入西方法理學開闢了道路；中國最早的法理學的名稱和內容，也來自穗積陳重等日本學者的研究成果。①

法理學是以作為整體的法律的共同性問題和一般性問題為研究對象的理論法學，著重揭示法律的基本原理。如美國當代著名法學家波斯納（Richard A. Posner）認為：「所謂法理學，我指的是對所謂法律的社會現象進行的最基本、最一般、最理論化層面的分析。就其總體而言，法理學所涉及的問題，其運用的視角，都與法律實務者的日常關心的事相距甚遠。通常，我們把對根本問題的分析稱為哲學，因此，傳統上將法理學界定為法律哲學或界定為哲學在法律中的運用，這顯然是很恰當的。」② 如其所言，法理學是要揭示法律的道理，即為什麼是這樣的法，其背後蘊含的正當性是什麼。而為了揭示法律背後的道理，需要瞭解各種法律現象，瞭解具體法律制度的來龍去脈，結合歷史背景才能更好地詮釋法律制定的由來。因此，其會涉及立法學、法經濟學、法社會學等基本理論的問題。與其他具體學科如民法學、刑法學等相比，法理學的研究對象更加抽象，是所有具體學科研究對象一般化的結果，相比於具體的法律問題，法理學研究的是所有具體法律法律現象之下的共同性一般性的問題和現象。由此可見，法理學與其他學科是一般與特殊、共性與個性的關係。

法理學是一門理論法學，在西方普遍稱為「法哲學」「法理學」。蘇聯過去一直把法理學稱為「國家和法的理論」，這一名稱對中國也曾經產生了很大的影響。到了 20 世紀 80 年代以後，各個大學將這門課程稱為「法學基礎理論」，以後又陸續改用「法理學」這一名稱，現在中國大多數人已接受了「法理學」這一稱謂。

本書主要從法理學的主要研究內容入手，針對法的各要素、法的價值，從法的淵源談起，進而學習法的制定、實施運行，通過對這些主要的法律現象的深入認識，來領悟法律背後的道理。

---

① 穗積陳重. 法律進化論 [M]. 黃尊三，譯. 北京：中國政法大學出版社，1997.
② 理查德‧A. 波斯納. 法理學的問題 [M]. 蘇力，譯. 北京：中國政法大學出版社，1999.

第一章　法的概念

第一節　法的特徵

一、法和法律的詞源

由於不同的地理環境產生的文明的不同，中國古代和西方法的起源也不同，「法」這個字的產生和內涵也存在著差別。

中國的古代屬於農耕生產社會，由此產生的農耕文明影響了中國古代的法的產生。由於土地的不可移動性，統治者需要使人固定在土地上進行勞作，才能維持其統治秩序。這時候，光靠倫理道德已經無法起到很好的束縛人的效果，因而需要刑罰來約束，以此確立森嚴的行政等級結構，確立統治者的權威性，進而保證農業生產的正常進行，維持統治秩序。中國古代最早的法的詞源，也就是由刑罰而產生。

一開始對法的稱謂是「刑」，如夏商周時代的《禹刑》《湯刑》《九刑》，這時的法主要是指代軍事行動，故有「大刑用甲兵」的說法。

之後對法的稱謂變成了古體的「法」字——「灋」，《說文解字》中對它的解釋是「灋，刑也，平之如水，從水；廌，所以觸不直者去之」。「平之如水，從水」，古代以水面來比擬，一方面意味著法公平、公正；另一方面意味著法嚴厲的懲罰，古代用來驅逐族人。廌是傳說中一種神獸，頭有獨角，喜直惡曲，古有訟獄，則令之觸不直者。表明「灋」有神明裁判的意思，是古代神權法的象徵。

後商鞅改法為律，律成為法的新代稱。律來自於律管，是一種校正樂音標準的儀器，「律」和「法」同樣具有規範、制度之義。

中國古代漢語中「法」「律」「刑」等，都表明了法律主要是通過強制性手段來調整社會秩序，並沒有現代「法律」概念所具有的邏輯和內涵。

西方的「法」來源於其海洋文明，古希臘、古羅馬的海洋生產方式決定了其社會生活廣泛依賴人與人之間的交易，因而需要發達的私法來確定商業交易規則，在此基礎之上，其法所蘊含的最重要的價值是平等。

二、法律的特徵

法律的特徵是指法律區別與其他社會現象的外在屬性，其主要有以下幾個特點：

(一) 規範性

法律的規範性是指法律本身是一種調整人們行為，維護社會秩序的規範。其對人

們的行為模式做出規定，應該做什麼，不應該做什麼，為人們的行為提供一個標準和可以預期的結果。實際上法律也就是社會規範的一種。

(二) 普遍適用性

從適用範圍上來說，法律具有普遍適用性。

法律規範不是針對特定的人或事，而是具有一般性、抽象性的特點，是針對不特定的人和事所作出的規定；法律在同樣的條件下可以反覆適用，而不是一次性的。法不是為保護某個特定的人而設立，也不是為約束某個特定的人而制定，它是針對其所適用的範圍內不特定的人，給予平等的保護和約束。法律不可以針對某一具體的人或事出抬特定的法律規則。因此像國家機關針對特定的人或事制定出的法律文件，就不是規範性的法律文件，比如逮捕令、結婚證書等，這些都是針對特定的當事人做出的只對其有效的文件，僅僅適用於當事人，不能要求不特定的人群，也僅僅只適用當前的特定事件，不能反覆適用，因此也就不是法律。

法律的普遍適用性也會和制定它的機關有關，並不是所有的規範性的法律文件都是在一個國家全國範圍內起作用，比如在中國地方人大所指定的規範性法律文件，就只能在該地區內發生作用。

(三) 由國家制定或認可

法律規範與行業規章、道德規範、宗教規範等其他社會規範的一個重要區別，就是其是由國家制定或認可的。

法律規範分為國家制定的法和國家認可的法。國家制定的法是有關國家機關根據法定的程序制定出的法律，又叫作成文法或制定法。國家認可的法是指有關國家機關賦予社會上已經存在的某種行為規範以法律效力，以這種方式產生的法律多指國家認可的習慣或判例，又稱為習慣法、判例法。

其他的社會規範並不是由國家機關制定、認可的，而是由宗教內部、社會風氣等自發產生的。但是這並不能說明其他的社會規範就沒有國家制定、認可的法的效力強，在特定的場合下，也許道德規範等對人的束縛力更強。

(四) 國家強制力

任何一種社會規範，都有一定的強制力來保證其實施。宗教規範主要靠精神力量、信仰來實施，道德規範主要靠輿論來監督實施，而法律規範與其他社會規範的不同之處就在於其依靠的是國家的強制力來保證實施，一旦違反了強制性的法律規範甚至是產生了犯罪行為，就由國家的暴力機關、司法機關強制對其進行限制或制裁。在所有的社會規範中，只有法律是依靠國家強制力來保證實施的。正因為有了國家強制力保障法律規範的實施，使得法律的運行有了可靠的保障。

但值得一提的是，雖然因為有國家強制力作為後盾而使法律得以更好地實施，但並不能過分依賴國家強制力來保證法律的實施。比起被迫守法，公民主動守法是更為理想的法律運行狀態，這也是法律本身所想要達到的理想的社會秩序。

第二節　法的本質

任何事物都有現象與本質兩個方面組成，現象是本質的外在表現，又反應本質，本質通過現象表現出來。

法律的本質是針對法律現象而言的，法律特徵相當於法律的現象，是法律的外在表現形式，而法律的本質則是內部屬性，是法律內部更深層次的內涵所在。

一、關於法律本質的主要學說

具有代表性的學說有：「法律命令說」「人民公意說」。

「法律命令說」是由分析法學派提出來的，認為法律是主權者的命令。英國法學家約翰·奧斯丁認為，法律的本質是主權者的命令。其為了界定法學的研究範圍，認為只有實際存在的由人制定的法才是準確意義上的法，將道德從法律中剝離出去，讓法學成為一門獨立的學科，因此提出法律命令說，認為法律是政治上處於優勢地位的人對劣勢者的命令。

「人民公意說」是由古典自然法學派法學家盧梭提出來的。盧梭認為法律是公意的行為，公意是經過理性抽象而來的，不是個別人的意志，而是對每個人意志的提煉，是理性的產物。這是由盧梭的人民主權、社會契約論而來的，因為國家是每個個人讓渡個人的部分權利而成立的，因此法律也應該是公意的產物，應該是每個人意志的集合。

二、法律本質的三個層次

馬克思主義法理學分析了法與社會物質生活條件之間的關係，揭示了法與統治階級意志之間的內在聯繫，強調法是統治階級意志的產物，科學地揭示了法的本質。

(一) 法是國家意志的產物

從法律的制定、產生、實施，都能體現出法律的國家意志性。首先，法律是由國家制定或認可的，其代表著國家的意志。國家機關制定、認可某項法律，意味著該法律不僅是符合社會生活的實際需要，更是國家意志所認可的。其次，法律的實施所依靠的國家強制力，也說明國家支持該種法律的實施，該法律反應了國家的意志。

(二) 階級性

國家本身就是階級的產物，代表國家意志的法律，也是有階級性的。

所謂的國家意志，其實就是統治階級的意志，統治階級憑藉著自己在政治經濟上的優勢地位，將本階級的意志上升為國家意志，制定成法律。法所體現的階級意志，是統治階級共同的意志，並不是某個階級成員的意志，而是代表整個階級的意志。

需要注意的是，雖然法律代表的是統治階級的意志，但並不意味著不對社會其他階級、階層的利益進行承認和保護。為了維持社會共同體的存續，在體現統治階級的

利益和意志的同時，法律也會對社會公共利益進行保護，包括一般的社會安全、社會秩序，促進社會的發展和保護自然環境等。

(三) 物質制約性

經濟基礎決定上層建築，作為上層建築的法律從本質上來說受到社會物質生活條件的制約。社會物質生活條件從根本上影響著人們的物質生活和精神生活，不同時代社會物質生活條件的不同，決定了在政治、文化、法律等方方面面的不同。社會物質生活條件的變化決定了統治階級、社會各階級的意志和利益的變化，因而法律也會隨之變化。因此物質制約性是法律本質中最根本的屬性。

綜合法的特徵和本質，我們可以將法定義為：法是由國家制定或認可，並由國家的強制力保證實施的，其本質上是由社會物質生活條件所決定的，反應了掌握國家政權的階級的共同意志的一種社會行為規範。

第二章　法的淵源與法律分類

第一節　法律淵源

一、法律淵源的釋義

　　法的淵源又叫法源，其含義要區分廣義和狹義，也要區分實質意義上的法源和形式意義上的法源。

　　實質意義上的淵源是指法的來源，是影響法律的政治、經濟、文化、歷史等。形式意義上的淵源是指法的效力來源，包括法的創制方式和外部表現形式。法的創制方式和外部表現形式使法律之所以成為法律而發生效力，經過法定程序由法定機關創制的形式使其擁有效力。形式意義上的淵源又有主要淵源和次要淵源之分。主要淵源包括制定法、判例法、國際條約和協定等應當優先考慮適用的法律規範。次要淵源包括習慣、法理、學說等，僅僅是在無主要法源可以引用的情況下才考慮適用的。主要法源和次要法源的劃分主要是其在具體的司法實踐中的影響不同。主要法源是國家預先制定或認可，並以明確的文字形式體現在規範性法律文件中的法律淵源。次要淵源是並非由國家預先制定或認可，也不具備明確的法律文本形式，僅僅由於司法機關的適用才具有了法律效力。另有學者將法律淵源分為正式淵源和非正式淵源，這等同於主要淵源和次要淵源。

　　法的淵源和法律不同，法律這一概念是相對於法律之外其他事物而言的，表達的是一種權威性的調整社會秩序的規則。法的淵源則是從技術上來說的，是司法者發現法律之處，更加強調的是不同效力等級的法律的具體表現，在司法中如何正確適用。

　　對於法的淵源的研究，有利於幫助人們區分不同層級的法的淵源的效力。從立法上來講，任何法律規範都只能由立法主體根據法定權限依照法定程序進行，才能使得其具有法定的效力。從法律適用的角度來說，法的淵源決定了法官發現法律的範圍和適用法律的順序。從範圍來說，法官裁判案件所引用的法律被限定在法律淵源的範圍裡。從適用法律的順序來說，法官應當努力尋找效力最低的法的淵源來裁判案件，只有在沒有找到適當低位階的法源或者該低位階的法源與高位階相衝突時，才能援引高位階的法源。

二、法的淵源的歷史發展和趨勢

　　從整體的法的淵源演進趨勢來說，普遍是從習慣法為主體的法律淵源向以制定法

為主體的法律淵源演進。早期人類法律不是人類認識社會規律自覺制定法律的產物，而是人類生活經驗的產物，體現為習慣、習俗。制定法的出現，一方面是為了克服法律淵源混亂的現象，另一方面是國家主權在法律領域的體現。

奴隸制時期的法的淵源，在古代東方國家主要是習慣法，成文法並不發達。在西方，雖然最初也是大量習慣法，但是其成文法實踐開始得很早，如古羅馬的《十二銅表法》。法律淵源演進至今，在世界兩大法系下，大陸法系以成文法為主要法律淵源，英美法系雖有大量判例法，但是制定法也占據了重要的位置。

三、法的淵源的一般類別

世界各國由於不同的法律傳統，在法律淵源上有一定的差異。如大陸法系國家主要以制定法為主，而英美法系國家以判例法為主。

從當今世界主要國家的法的淵源來看，主要有以下幾種類型：

1. 制定法

制定法是最為普遍的法律淵源，是指由立法機關或有權立法的機關依照法定程序行使法定權限制定的規範性的法律文件。不論是大陸法系還是英美法系，制定法都占據著重要位置。在很多國家，制定法的地位往往最高，法官在適用法律的時候，也都是優先適用制定法。後文在論述當代中國的法律淵源的時候，主要都是制定法。

2. 判例法

判例法作為法律的主要淵源，在英美法系國家比較普遍。「遵循先例」是判例法的基本原則，英美法系的法官是通過在判例中去尋找和發現法律的規則、原則和法律精神，以此作為司法裁判的依據。

3. 習慣法

習慣法是社會生產和生活中自發形成的行為規範，由於符合人們關於正義的觀念，且長期被人們遵循，於是具有了成為法律的合理性。習慣成為法理淵源一般有兩種方式，一種是通過進入制定法或者判例法成為法律淵源，比如習慣進入制定法成為其一部分，或者司法判例適用該習慣，使其成為判例中存在的法律規則。另一種是習慣直接作為法律被司法適用，這種適用方式主要用於填補制定法的漏洞或判例的缺乏。如瑞士民法中規定民事法律無明文規定的，可依照習慣進行審理。

4. 法理

法理是對法的理性認識，是人們從法律現象中所認識到的法的一般規律。比起具體的法律規則來說，法理具有抽象性，其蘊含在法律規範之中。在人們認識、學習和實踐法律的過程中，逐漸會領會掌握到其中所蘊含的法理。在司法適用中的法理一般包括社會上公認的價值，正義的標準以及法律的解釋等。同習慣一樣，法理一般被用來彌補制定法或者判例法的缺失，在有具體法律規則的情況下，一般不會考慮適用法理。只有在沒有具體法律規範和先例的情況下，由於法官不能拒絕裁判，就需要運用一般的法理來作出裁判。

5. 法學家的學說

從法律史來看，法學家的學說在大陸法系都是法律的主要淵源之一，如古羅馬的

《查士丁尼學術匯纂》，其中對於法律的解釋和法律問題的回答，就是法官裁判的依據。隨著成文法的興起，法律統一立法，使得法學家的學說逐漸失去了法律淵源的地位。但不可否認的是，法學家的學說對法官裁判依然具有重大影響。

6. 國際條約和協定

國家與國家之間締結的國際條約和協定對締約國和加入的國家具有法律約束力，這是國際法的主要淵源。由於國家之間交往的增加、全球化的加快，國家之間的交往往往都是通過國際條約和協定來加以規制的。

7. 宗教教義和戒律

從歷史上來看，如果一國人基於對宗教的強烈信仰而普遍遵守的一些規則原則，這些宗教教義、戒律就很有可能進入法律成為法律規範的一部分。在當今世界上政教合一的國家，依然把宗教教義作為國家的法律淵源。

四、中國的法律淵源

中國的法律淵源是指法的具體表現形式，即由中國不同的國家機關制定或認可的，具有不同法律效力和地位的各種法的表現形式。

根據憲法和有關法律的規定，當代中國的法的淵源主要有以下幾種：

(一) 憲法

作為法律淵源的憲法，是國家的根本大法，具有最高的法律效力，是其他一切法律的立法依據，其指定和修改程序也和一般的法律不同。

憲法在內容上，規定的是國家和社會生活中最根本的問題，包括國家性質、基本政治制度、基本經濟制度、公民的基本權利和義務以及國家機構的組成和活動原則等，涉及了國家社會生活中方方面面，但是都是指導性和原則性的規定，和具體的法律規範所作出的具體的法律規定有所不同。

憲法在制定修改程序上也和一般的法律不同。其制定和修改是最高權力機關——全國人民代表大會，通過特別的程序進行的，具有更高的權威性、穩定性。

(二) 法律

這裡的法律是指狹義上的法律，即由中國全國人民代表大會及其常務委員會按照法定職權和法定程序制定的規範性法律文件。法律是中國主要的法律淵源之一，其地位僅次於憲法。狹義上的法律依照制定主體和調整範圍的不同，可以分為基本法律和基本法律以外的法律。

基本法律是全國人民代表大會制定和修改的涉及國家和社會生活中某一方面帶有普遍性的社會關係的法律，如《刑法》等。在全國人民代表大會閉會期間，其常務委員會有權對基本法律進行部分補充和修改，但是不能同該法律的基本原則相抵觸。

基本法律以外的法律，是由全國人民代表大會常務委員會制定和修改的「除應當由全國人民代表大會制定的法律以外的其他法律」(《憲法》第六十七條)。此外，全國人民代表大會常務委員會所作出的決議和決定，如果其內容屬於規範性的規定，而不是一般宣言或委任令之類的文件，也被視為狹義的法律。

無論是基本法律還是基本法律以外的其他法律，其法律效力和地位都僅次於憲法，而高於行政法規、地方性法規、自治條例和單行條例等。

（三）行政法規

行政法規是重要的法的淵源，其地位僅次於憲法和法律。行政法規是由國務院制定的有關國家行政管理活動的規範性法律文件的總稱。國務院所發布的決定和命令，凡是有規範性內容和性質的也屬於法的淵源，與行政法規具有同等的法律效力。

根據《立法法》的規定，「本法第八條規定的事項尚未制定法律的，全國人民代表大會及其常務委員會有權做出決定，授權國務院可以根據實際需要，對其中的部分事項先制定行政法規，但是有關犯罪和刑法、對公民政治權利的剝奪和限制人身自由的強制措施和處罰、司法制度等事項除外」。由此可見，國務院可以根據授權制定某些原本屬於全國人民代表大會及其常務委員會立法權限的法，這稱之為「授權立法」或「委託立法」。但必須注意，授權立法也有限制，即有關犯罪和刑罰、涉及公民政治權利和人身自由權以及司法制度等方面的事項不得授權。

（4）軍事法規和軍事規章

軍事法規也是中國法律的一個重要淵源，其地位相當於國務院的行政法規。根據中國憲法的規定，其由中央軍事委員會發布。軍事法規在武裝力量內部實施。

（5）地方法

地方性法規的效力只能在該制定機關所在區域內部發生，其分為一般地方法和特殊地方法。

一般地方法又叫地方性法規，是指由各省、直轄市以及省政府所在的市和國務院批准較大的市的人民代表大會及其常務委員會制定的規範性的法律文件，它們不得與憲法、法律相抵觸。省一級的地方性法規要報全國人民代表大會常務委員會和國務院備案，較大的市的地方性法規由省、自治區的人大常委會報全國人民代表大會常務委員會和國務院備案。

特殊地方法又包括以下三種：

①民族自治地方的自治條例和單行條例。根據《憲法》《中華人民共和國民族區域自治法》和《立法法》的規定，自治區、自治州和自治縣的人大有權按照當地民族的政治、經濟和文化特點制定自治條例和單行條例。自治條例和單行條例可以依照當地民族的特點，對法律和行政法規的規定做出變通規定，但不得違背法律或者行政法規的基本原則，不得對憲法和民族區域自治法律規定以及其他有關法律、行政法規專門就民族自治地方所做的規定做出變通規定。

②經濟特區的單行經濟法規。廣東省、福建省、深圳、海南等地方，先後經全國人民代表大會及其常務委員會授權制定所屬經濟特區的各項單行經濟法規。

③特別行政區的法律。特別行政區法是指特別行政區的國家機關依法制定或認可的，在特別行政區內具有普遍效力的法律規範的總和。

由於中國「一國兩制」的實施，全國人民代表大會於1990年和1993年先後通過了《中華人民共和國香港特別行政區基本法》和《中華人民共和國澳門特別行政區基

本法》。以香港特別行政區為例，依照香港特別行政區基本法的規定，香港特別行政區的立法會是香港特別行政區的立法機關，立法會根據基本法律規定並依照法定程序制定、修改和廢除香港的法律。特別行政區立法會制定的法律須報全國人民代表大會常務委員會備案，但備案不影響該法律的生效。由於特殊的歷史原因，香港特別行政區的法的淵源還有其他形式，如原有的判例法、習慣法等。基本法規定，這些法律除與基本法抵觸或經香港特別行政區的立法機關做出修改外，予以保留。

（6）部門規章和地方政府規章

部門規章是指國務院各部、委員會、中國人民銀行、審計署和具有行政管理職能的直屬機構為執行法律和國務院的行政法規、決定和命令，在本部門的權限範圍內所制定的規範性法律文件。地方政府規章是指省、自治區、直轄市和較大的市的人民政府所制定的規範性法律文件。

關於規章的效力，一般認為，規章是部門行政機關或地方行政機關制定的，對於人民法院的審判活動不發生必然拘束力，人民法院沒有必須使用規章的責任。根據《行政訴訟法》的相關規定，人民法院對於規章是參照適用，在進行司法裁判的時候，沒有法律、法規對相應問題做出明確、具體規定，且人民法院通過適當審查，認為相應規章對相應問題做出的規定是明確、具體並且不與法律、法規、法理相違背的情況下，可依據此種規章處理具體案件。

部門規章的效力低於行政法規，地方政府規章的效力低於本級地方性法規，省、自治區人民政府制定的地方政府規章的效力高於本行政區域內較大的市的人民政府制定的地方政府規章，部門規章之間、部門規章與地方規章之間具有同等效力，在各自的權限範圍內實行。如果地方性法規與部門規章之間對統一事項的規定不一致，不能確定如何適用時，由國務院提出意見，國務院認為應當適用地方性法規的，則決定在該地方適用地方性法規的規定；國務院認為應當適用部門規章的，必須提請全國人民代表大會常務委員會裁決。如果部門規章之間、部門規章與地方政府規章之間對同一事項的規定不一致時，由國務院裁決。

（7）國際條約和國際慣例

成為中國法律淵源的國際條約，必須是中國同外國締結或者中國加入並生效的國際法規範性法律文件，而且中國聲明保留的條款除外。這種國際條約不屬於中國國內法律的範疇，但是依然是中國法的淵源之一。

國際慣例在一定條件下也可以成為中國法的淵源，根據《民法通則》的規定，適用國際慣例的條件是不與中國社會公共利益相違背。

第二節　法律分類

法的分類是指按照不同標準，從不同角度，將法律分為不同種類。通過研究法的分類，來對法律的特點、性質等作更加深入的瞭解。

一、法的一般分類

(一) 成文法和不成文法

這是按照法的創制形式和表現形式為標準的劃分。成文法是指制定法，即由有立法權的國家機關制定或認可，並以法律條文的形式出現的法律的總稱。成文法最高以及最完善的形態是成文法典。不成文法指不具有法律條文的形式，但得到國家的認可的法律的總稱，一般來說包括習慣法和判例法。習慣法來自於習慣，早期人類社會的法都以習慣法的形式表現出來，直到後來制定法的興起，習慣法就居於次要地位了。判例法主要在英美法系，是以司法機關的判例作為表現形式，國家認可其法律效力的法。

成文法的法律規則清晰、規範，不成文法則需要法律工作人員運用法律知識和手段去發現其中蘊含的法律規則和法律精神。比較之下，不成文法的穩定性更強，習慣法是在長期的社會生活中沉澱下來的法律規則，判例法的遵循先例原則，一般情況下都是和先例相同的判決結果，而這些先例都是很難去改變的，所以預期性和穩定性更強。成文法相比之下由於是立法機關制定的，政治、經濟和人的認識都對它有或多或少的影響，並且很容易與社會現實生活脫節。

(二) 實體法和程序法

這是以法律的內容和功能的不同為劃分標準。實體法規定的是法律主體之間的權利和義務、職責和職權，如刑法、民法等。程序法是法律關係的主體為了實現權利和義務、職責和職權而做的關於其手段、途徑、方式的規定，如民事訴訟法、刑事訴訟法。

一般來說，實體法是目的，程序法是手段。但是要注意不要極端化這種觀點，將程序法工具主義化，實際上，程序法具有其獨立的價值，其本身也是結果具有正當性的一個理由。

(三) 根本法和普通法

這是根據法的地位、內容、效力和制定主體、程序的不同為劃分標準的。根本法就是憲法，是一個國家的根本大法，具有最高的法律地位和最高的法律效力，其制定主體、制定和修改程序都和普通法不同，規定的內容涉及社會生活的方方面面。普通法就是憲法以外的法，效力低於根本法，制定、修改程序主體的嚴格程度也和根本法不同。

(四) 國內法和國際法

這是以法的創制主體和適用主體的不同所作出的分類。國內法是一個主權國家內，由其享有立法權的機關或其他有權機關制定或認可的、在其國家領域內實施的法。國際法是國家和國家之間通過協議制定或認可的，調整國家之間的關係的法，其形式一般是國際慣例、國際條約等。

(五) 一般法和特別法

這是根據法律適用的效力範圍所作出的劃分。一般法針對的是一般人、一般事項、一般地域、一般時間。特別法針對的是特定人、特定事項、特定地域、特定時間。

一般法和特別法的劃分並具有相對性，二者的劃分並不是固定的。其劃分意義通常來說是為了在司法實踐中適用「特別法優先」的規則。

二、法的特殊分類

(一) 公法與私法

公法和私法的劃分是大陸法系國家對法律的一般劃分，最早由古羅馬法學家烏爾比安提出來，公法包括憲法、刑法、行政法、程序法、國際法，私法包括民法和商法。

對於公私法所包含的法律部門，法學家們的觀點幾乎是一致的，但是對於其劃分標準，有不同的學說。目前法律關係說是比較多人支持的，該說認為公法是調整國家之間或國家與私人之間權力和服從的關係的，私法是調整私人之間或國家和私人之間的民事關係的法律。

(二) 普通法和衡平法

這是對英美法系國家的法律所作出的基本分類。這裡的普通法特指的是產生於 11 世紀的英國，以國王的令狀為基礎，綜合了各地的習慣法，通過司法審判的形式形成的判例法。衡平法是為了彌補普通法產生的不公正，而以公平正義為原則矯正具體司法案件的判例法。

(三) 聯邦法和聯邦成員法

這是對實行聯邦制的國家的法律所作出的分類。聯邦法是聯邦中央制定的法，而聯邦成員法是由聯邦成員制定的法。在聯邦制國家內部對於立法權限、範圍等的不同劃分，其立法機關在各自的立法範圍內制定法律，即使是聯邦法，如果超越了法律權限，侵犯了聯邦成員的立法領域，那其效力就將低於聯邦成員法。

第三章　法律結構與法律效力

第一節　法律結構

一、法律結構概述

　　法律結構是指各個必備的法律要素所構成的法律系統。法律要素是具體的組成法律結構的基本要素，是整個法律系統存在和發展的基礎。對於構成法律結構的法律要素有哪些，目前存在著爭論。

　　當前國內的一般理論認為，構成法律結構的法律要素包括法律概念、法律規則、法律原則和技術性規定。

二、法律概念

　　法律概念是人們在不斷地認識和實踐過程中，對具有法律意義的現象和事實進行理性概括和抽象表達而形成的一些權威性的範疇。[1] 法律概念是最基礎的法律要素，其他所有的法律要素都是根據法律概念擴展而來的。

　　從不同角度可以將法律概念分為不同類別。以法律概念所涉及的內容，可以將法律概念分為涉人概念、涉事概念和涉物概念。[2] 從法律關係的角度可將法律概念分為主體概念、權利概念、義務概念、客體概念和事實概念。[3]

　　法律概念是人們認識法律現象和法律事實的基礎，構建法律規則、法律原則等等，都需要在法律概念的基礎上。立法和修法需要對法律概念進行準確定義才能指導後續的法律實務工作，具體的司法適用也需要對法律概念進行把握，在形成法律思維和法律文化的時候，也需要思考掌握法律概念，應該說，法律的一切都是由法律概念這一基礎要素搭建的。

三、法律規則

（一）法律規則釋義

　　法律規則屬於社會規則的一種，與調整人與自然之間關係的技術規則不同，社會

---

[1] 付子堂. 法理學初階 [M]. 3 版. 北京：法律出版社，2009：135.
[2] 張文顯. 法哲學範疇研究 [M]. 2 版. 北京：中國政法大學出版社，2001：57.
[3] 孫笑俠. 法理學 [M]. 2 版. 北京：中國政法大學出版社，1999：28.

規則是為了調整人與人之間的社會關係而存在的，宗教、法律、道德等都是社會規則。具體而言，法律規則是為了規制約束人們的行為、規範社會秩序而產生的一種以法律權利和法律義務為主要內容、由國家強制力保障實施的社會規則。

(二) 法律規則的結構

法律規則包括假定條件、行為模式和法律後果。

1. 假定條件

假定條件是適用法律規則的前提，一般是針對紛繁複雜的社會情況而抽象出來的，發生這類情況或具備這些條件的行為就由該法律規則進行調整。假定條件是法律規則的必備要素，在具體的法律條文中，有些顯而易見的假定條件，一般人也能明白的，就可能會省略或者簡明扼要地表達；還有一些假定條件可能是和前文相同或者通過一定的邏輯推理可以得出。

2. 行為模式

行為模式是對人們的行為做出要求，指出人們享有的法律權利、應該履行的法律義務及其行為方式。這是法律對人們行為的具體規制和約束，明確指出了法律所期待的行為方式，對人們的行為進行指引。一般來說分為授權式、禁止式和義務式。

3. 法律後果

法律後果是法律對人們行為的評價，針對符合該假定條件下的行為進行評價，得出法律對該行為是做出支持還是反對，並可能要求其承擔相應責任。法律後果一般來說有兩種表現形式，一種是肯定形式，對符合法律行為要求，做出法律所期望的行為，法律對其保護和肯定，有時候甚至有物質上的獎勵。另一種是否定性後果，對於做出法律所禁止的行為，法律予以否定性評價，並要求其承擔相應的法律責任，做出法律上的懲罰等。法律後果是對法律所作出的規定的一個保障實施條件，如果沒有相應的法律後果，那麼法律所倡導的行為沒辦法得到有效實行貫徹，而法律所禁止的行為也沒有有效地禁止。

值得注意的是，法律規則並不等同於法律條文，一個法律條文可能包含幾個法律規則，一個法律規則也可能在不同的法律條文中都有規定。

(三) 法律規則的種類

(1) 根據行為模式、調整方式的不同，可以將法律規則分為授權性規則、義務性規則和禁止性規則。授權性規則是法律授予行為人一定的權利，要求規定主體做出或者不做出一定行為來保證其權利的實現，至於行為人要不要實現自己的權利，在一般情況下，則可以要求實現也可以選擇放棄。一般立法中的表述為「有權」「允許」等。義務性規則是指法律要求行為人積極做出一定行為來保證其履行相應的義務，立法中常用「必須」「應當」這一類詞來表示。禁止性規則是指法律要求行為主體不得做出某些行為，立法中用「禁止」「不得」等詞語表示。

(2) 根據強制性不同，可以將法律規則分為強制性規則和任意性規則。強制性規則是必須按照法律規定的行為模式進行行為或者不為，任意性規則是法律給出了一個行為模式，行為人可以選擇參照這一行為模式行為，也可以不行為。義務性規則和禁

止性規則都屬於強制性規則範圍。

（3）根據內容的確定性不同，可以將法律規則分為確定性規則和非確定性規則。確定性規則是指法律中已經明確規定了行為規則的具體內容，不需要援引其他規則即可知道其內容和行為方式、後果等。而非確定性規則是該規則本身沒有具體的行為方式內容，而是將其委託給某一專門機關加以確定的規則，必須參考相關的規則才能確定行為方式等。比如部門規章中的「依據本法制定實施細則」。

四、法律原則

法律原則表現的是法律所倡導的價值，是相應的法律規則制定所包含的深層次的精神理念。法律原則包含於法律規則之中，但是一般不會直接在具體案件中進行適用，「不能向一般規則逃逸」就體現了這一觀點。

法律原則根據不同的標準也可以分為不同類別，根據產生的原因和穩定不同，可以分為公理性原則和政策性原則。公理性原則是被社會廣泛認可，由於社會本質而產生的，如公平正義原則等。政策性原則就具有很強的時效性和針對性，是國家針對社會當前的發展而制定的。根據原則的內容性質不同，可以分為程序性原則和實體性原則，公平正義原則就是實體性原則，而如罪刑法定原則等就是程序性原則。

五、技術性規定

在法律的發展中，人們的經驗等不斷地累積，法律的制定實施等也越來越成熟，而技術性規定也是從粗糙走向越發精細。技術性規定會影響立法水平，影響法律的具體實施，應該重視其作用。

一般來說技術性規定主要有以下幾個方面的內容：有關法律文件生效和失效時間的規定，關於公布法律文件的文字形式；在法律文件中對有關概念進行技術性的界定和專門說明的規定，以及對有一定法律意義的具體標誌與物品的製作形式、比例大小和尺寸等做出技術性要求和說明的規定，比如對「以上」「以下」等是否包含本數的具體說明；對法律運行各環節中必須應用的專門技術與方法的規定，比如法律解釋的方法等。

第二節　法律效力

一、法律效力釋義

法律效力是指法律的保護力和拘束力，是國家對於其制定的法律中所調整的範圍內的主體保護或者加以約束。

那麼為什麼法律能夠具有保護力和拘束力呢？對此，目前不同的法學派有不同的看法。自然法學派的「惡法非法」，就認為法律的效力來源於其道德性，因為法律本身應該是良法，是大家都認可的法，所以其具有效力。實證法學派是從法律規範要件形

式上來研究法律的效力的。他們認為法律的效力來源於更高一階的法律，而最高的法律效力應該是預定的，是人們制定它的時候就預先給其確定了效力。社會法學派更加強調的是法律的「實效」，重視法律實際上的實施效果，如果法律是被大家良好地遵守著，那麼就是有效力的，實際上也是對大家發生著保護力和拘束力。

二、法律效力的等級

法律效力的等級指法律效力的位階，關係著法律怎樣適用，不同法之間的衝突應該判定誰的效力更高。一般來說遵循著以下四個原則：

1. 憲法具有最高的法律效力

憲法作為一個國家的根本大法，具有普遍的拘束力，所有人都應該遵循著憲法活動；具有最高的法律效力，其他法律都是根據它的規則進行具體的規定，不能跟其產生衝突，跟憲法相抵觸的法律都是無效的。

2. 上位法優於下位法

根據法律制定主體來確定法律的等級序列，除特別法之外，一般法律制定主體的地位高，法律也就處於上位，上位法的法律效力也大於下位法，下位法不得與上位法相衝突。

3. 後法由於前法

同一制定機關在不同時間針對同一事項制定了相衝突的法律，後頒布的法律效力更高，優先適用後法。

4. 特別法優於一般法

當同一主體針對同一法律事項，既制定了一般法，又制定了特別法，應當優先適用特別法。需要注意的是這一原則針對的是同一主體，如果是不同主體，還需要考慮法律的位階關係。

分清不同法律的效力高低，主要是為了司法實踐中的適用，針對不同法律之間的衝突，怎樣選擇合適的法律進行適用。

三、法律效力的範圍

法律效力的範圍是指法律的效力所能夠發生作用的範圍，包括時間範圍、空間範圍、對象範圍等。

(一) 法律的對象效力範圍

法律的對象效力範圍是指法律對什麼主體產生效力，也稱為法律的對人效力。這裡的「人」是指廣義上的人，不僅包括自然人，也包括法律所擬制的人，如企業、國家機關等。

確定對象效力範圍的原則，一般包括：①屬人原則。即以自然人和擬制人的國籍為標準，只要是本國的國籍，不管在何地因何事，都發生保護力和拘束力。這種原則可以最大程度地保護本國人，但不能管轄本國的外國人。②屬地原則。即以主體所處的地域範圍為標準，法律的效力遍及本國的所有領域，不論是本國人還是外國人或無

國籍人。該原則能夠使法律在本國範圍發揮最大的效力,解決了外國人、無國籍人在本國的管轄的問題,但是對於外國的本國人,就無法進行有效的保護。③保護主義原則。該原則以本國利益為優先,只要是符合保護本國利益這一條件,都有管轄權。該原則之下可以最大限度地保護本國的利益,但是與其他國家在本國上行使主權的行為相衝突,實際上實現的時候有很大的局限。④折中主義原則。即以屬地原則為主,結合屬人原則和保護主義原則來確定本國法律的對象效力原則。

當代中國的法律對象效力範圍也是根據折中主義原則來確定的。首先,對於中國公民,在中國領土範圍內的所有事項都適用中國的法律,在外國的行為原則上也適用中國的法律。對於外國人或無國籍人,在中國領土上的行為受到中國法律的管轄,在中國領土範圍以外的事項,中國法律有條件地進行管轄。

(二) 法律的事項效力範圍

法律的事項範圍原則指法律對於管轄範圍的哪些行為和事項能夠發生效力。

法律的事項效力範圍一般包括以下幾個原則:

(1) 確定發生效力的事項範圍。即事項法定的原則,一般情況下,有法律明文作出規定的事項才能發生效力,如果法律對此並沒有相關規定,就不能產生拘束力。但是在特殊情況下,如法律允許類推的情形下,可以對某些法律並沒有明確作出規定的事項也適應相關規定,並產生相應的效力。

(2) 一事不再理原則。指同一機關不能受理同一當事人就相同的事所作出的兩次或兩次以上相同的法律請求。該原則既是維護司法的穩定性和權威性,又是節約司法資源的規定。

(3) 一事不二罰的原則。指對同一行為,不得做出兩次或兩次以上性質相同或同一罪名的處罰。當然對同一行為可以做出兩次及以上的性質不同的處罰,比如對同一犯罪行為,可以做出刑法處罰,還可以要求民事上承擔責任、做出行政處罰。

(三) 法律的時間效力範圍

法律的時間效力範圍是法律針對的是什麼時間內的人和事,包括了生效時間、失效時間和追溯力三個問題。

1. 法律的生效時間

法律的生效時間一般有兩種規定。一種是法律公布之日即實行生效之日,如《中華人民共和國國籍法》規定「本法自公布之日起施行」。另一種是法律明文規定在特定的時間起開始生效。為了讓人們對即將施行的法律有一個瞭解,法律往往會在公布後過一段時間才開始實施生效。

2. 法律的失效時間

法律的失效是指法律終止效力。法律失效的形式分為明示失效和默示失效。明示失效是新法或相關法律文件中明確規定舊法被廢止。默示失效是新頒布生效的法律和舊法產生衝突的地方,自動適用新法的規定,舊法的相關部分就自動失效,即「新法優於舊法原則」。

3. 法律溯及力

法律溯及力又叫作法律的溯及既往的能力，指生效的法律對其生效之前的事項是否有效力。如果對其生效之前的事項依然適用，則叫法律有溯及力，反之則是沒有溯及力。

現代的法治理念將「法不溯及既往」作為一般的原則，但是也不絕對，各國普遍也承認「有利既往」的原則，即法律一般對其生效之前的事項是沒有效力的，但是如果新法對先前行為的任何一方都是有利的，那麼也適用。比如中國的刑法，也是遵循「從舊兼從輕」的原則，對於刑法生效以前的行為是沒有效力的，不能認定其有罪，但是如果是當時認定有罪或者規定的刑罰更重，那麼就適用新法認定無罪或從輕的處罰。

(四) 法律的空間效力範圍

法律的空間效力範圍是指法律在什麼空間裡發生效力，即生效的地域範圍。一般來說，法律的效力及於一個主權國家的全部領域，包括領土、領海、領空以及領土的延伸領域（如駐外使領館等）。

法律的空間效力一般包括兩種情形。①法律的域內效力。指法律在一個主權國家的領域內都是有效力的，而在其領域範圍外則是無效的。②法律的域外效力。指法律在其主權國家以外的領域也發生效力。現代國家基於尊重國家主權的原則，一般法律是不具有域外效力的，但是如果是通過簽訂國際條約或者根據國際慣例等，可能會允許國家的法律在相互之間都具有域外效力。

第四章　法的價值和法律行為

第一節　法的價值概述

一、價值的含義

一般認為，價值有兩種含義：①商品上所凝結的無差別的人類勞動；②客觀事物的有用性和積極作用。

如何來把握價值的含義呢？我們通常將價值作為一個評價標準，凡是對人們有用的、有益處的，我們通常認為就是有價值的，也就得到了人們的正面評價。例如自由、正義、安全、幸福等，正因為它滿足了人類的需求，所以人們都認為其是價值的表現形式。

二、法的價值的含義

法的價值，就是法能夠滿足人類、社會、國家的需要。可以從三個方面去把握法的價值：

（1）法的價值是指法律在發揮其社會作用的過程中，能夠促進哪些價值的實現。例如安全、秩序、自由、平等、正義等，這些價值都是人們一直以來所追求的價值，法律發揮作用都是為了實現這些價值，這種價值是法律所追求的目標和理想，因此這種價值是法的目的價值。

（2）法的價值是在各種價值產生衝突和矛盾時法能夠借以進行評價的標準。在許多法學著作中，法的價值問題也就是法律評價的標準問題。我們可以把它稱為法的評價價值。

（3）法的機制是指法自身所體現的價值，這種意義上法的價值可以稱為法的形式價值。它並不是法律所追求的社會目標理想，而是法律本身所應當具備的價值，比如法律都應當邏輯嚴謹、簡明扼要、明確易懂等。這些是法律本身所應當具有的形式上的良好特徵。美國法學家富勒就曾把一般性、明確性、不矛盾性等八項稱為「法的內在道德」，屬於任何法律制度都應當具有的特徵。

第二節　法的基本價值

一、秩序

(一) 秩序的概述

秩序又叫作「有序」，與「無序」相對應，是一種狀態的表現。秩序分為社會秩序和非社會秩序。社會秩序指人們在各種社會交往過程中長期形成的相對穩定的關係模式、結構和狀態。因領域不同又可分為各種秩序，如經濟秩序、政治秩序、文化秩序、生活秩序等。非社會秩序是指實務的位置所在、結構狀態或變化模式。

秩序是人類生存的前提和基礎。人類在建立了社會組織之後，都希望能夠穩定發展，不希望出現混亂的狀況，並且建立政治社會組織本身，也是為了讓人與人之間的交往相處能夠有序進行。秩序一直以來就是人們所追求的目標。

法律的一個重要追求目標就是秩序，古希臘的亞里士多德就曾指出法律本身就意味著秩序。法律可以給人們提供一個統一而明確的行為規則，在這樣一個規則框架體系之內，所有人就能夠有序地行使權力、履行義務，從而達到有序的社會狀態，也就是秩序。如果處於無秩序無規則的社會中，對於社會中的每個人都是極不安全的。在霍布斯的《利維坦》中也闡述了這樣一種「自然狀態」，無秩序無規則，霍布斯認為這是一種所有人對所有人戰爭的狀態，對於社會的每一個人都是不安全、沒有好處的。因此通過法律建立秩序，就是通過法律確定明確的行為準則，對不遵守該準則的人施以懲罰，從而協調人與人之間的關係，減少人與人之間的衝突和矛盾，自然也就建立了社會秩序。

(二) 法的秩序價值的實現

秩序是法的基本價值，也是人類活動最基本的前提。法的秩序價值的實現，實際上就是通過法對社會進行控製實現法律所追求的秩序目標，並使得依法建立的秩序得以維持、鞏固和發展。法的秩序價值主要通過以下四方面得以實現：

第一，法律維護階級統治秩序。在階級社會中，最根本的衝突是階級矛盾。如果缺乏有效的控制手段，那麼整個階級社會肯定無法維持下去。因此這時國家制定法律，用法律來建立和維護階級統治秩序。它將一個階級對另一個階級的壓迫合法化、制度化、具體化。一方面將統治滲透到社會生活的各個方面，使統治階級的利益最大化；另一方面又把階級衝突控制在統治秩序和社會存在所允許的範圍內，保證階級統治能夠有條不紊地進行。既將階級統治納入秩序範圍內，又有效緩和了階級矛盾，這就是階級社會的法律對於階級社會秩序的建立和維持。

第二，法律維護權力運行秩序。一般來講，無秩序無規則的權利運行對於他人和社會的危害非常大，而且極有可能損害統治階級的根本利益。因此，建立和維護權力運行秩序不可忽視，法律在此過程中可起到重要作用。

在專制社會中，從現象上看，專制者的權利不受任何現有規範的制約，包括不受法律的限制，君主可以隨意發布命令和禁規。然而事實並非如此簡單，歷史上經常發生這樣的事，一個置本階級根本利益於不顧的暴君，不是被人民推翻，就是被本階級的其他人給替換掉。由此可見，專制君主也並非是一個人在進行專制統治，而是作為一個階級的代表在進行專制統治，其實也是有條件地在進行統治。此時，統治階級內部也會有對於官僚錄用、管理、職責等的法律規定，它對於建立和維護專制權力的運行秩序起著重大的作用。

在現代民主政治國家中，人民是主權者，但權力的實際運行是通過少數人來完成的。這時通過法律對權力的享有者、行使者、還有行使權限範圍等做出明確的規定，對國家的權力系統做出合理的配置，保證國家機關之間的權限科學分配、合理且能夠相互制約。

第三，法律維護經濟秩序。法對經濟秩序的維護功能體現了經濟活動擺脫任意性而獲得穩定性和連續性。在自然經濟條件下，自給自足的農業經濟占主導地位，規模小，此時法律集中於調整農業生產方面的關係。在商品經濟時期，經濟形態增多，經濟秩序對法律的依賴性增強，主要體現為用法律保護主體的財產所有權，用法律調控經濟活動等。

第四，法律維護正常的社會秩序。建立一個正常的社會秩序，法律主要在以下方面發揮作用：①確定了權利與義務的界限，避免糾紛。法律通過設置權利與義務，將資源進行明確有效的分配，以定紛止爭。②法律以文明的方式解決人與人之間的衝突。在發生糾紛中，法律避免了用暴力解決帶來的人身財產損失，用公力救濟取代私力救濟，使矛盾和衝突都能用和平的方式解決。③法律可以對社會基本安全加以特殊維護。人身安全、財產安全、公共安全、國家安全等都屬於社會基本安全，它們是人類社會生活正常進行的最起碼的條件，任何國家的法律都對社會基本安全加以特殊的維護。

二、自由

(一)「自由」的含義

早在古希臘、古羅馬時期，就開始使用「自由」一詞。一般認為，對自由的含義的理解，通常有兩種含義。第一種稱為消極自由，是指主體不受外在壓制和束縛的狀態，是「免於……的自由」，它的特點是不受社會干預來實現其自由。第二種稱為積極自由，是主體具有依照自己獨立的意志進行行為的自由，是「有……的自由」，它通常是以社會干預（幫助）作為實現自由的首要條件。

社會是由眾多個體所組成的共同體，每個人既有與全體社會成員所共同追求的利益，也有排除其他個體所單獨追求的特殊利益，自由一方面要考慮到每個個體本身的利益，也要考慮到對其他個人所產生的影響。

自由在法律的含義上，是主體的行為和法律規範的統一。在法律上，自由首先意味著主體可以自主地選擇和實施一定的行為，同時，這種行為又必須與法律規範中所規定的行為模式相一致。當主體的自由被法律作為一種權利而確認之後，就意味著任

何人和機構都不能強迫權利主體去做法律不強制他做的事情，也不能禁止其去做法律允許他做的事；同時也意味著權利主體只能在法律界定的範圍之內做他想做的事情。

在法律上，自由與權利的關係可以有廣義和狹義兩種理解。廣義上的自由與權利是基本等同的概念，在絕大多數場合，權利都意味著選擇的自由，例如，當法律確認了某人具有選舉權的時候，權利人是都參加選舉，把選票投給誰，都是可以自由選擇的，法律不允許其他人加以干涉。因此在典型的意義上，權利即自由，授予權利即意味著權利人可以在法律允許的範圍內獨立自主地按自己的自由意志行事。狹義上的自由僅是權利的一種特定類型，是法律上直接以自由指稱的那些權利，如人身自由、言論自由、結社自由等。因為這些權利具有更加明顯的選擇性，所以被直接以自由命名。在此意義上，自由是種概念，權利是屬概念，兩者是部分與整體的關係。

(二) 法的自由價值

1. 自由與法律

法律作為指導調控人類行為的工具，法律上的自由就是通過法律對自由進行設定和保障。由於每個人的個人利益存在著差異性，如果每個人都不受限制地追求個人自由，那麼真正的自由必定無法受到保護。這時候就需要法律和權威的介入，以提供個人自由的尺度，為自由劃清界限。可以看出，自由雖然否定別人的任意干涉，但同時也不得損害他人和社會的利益。一方面法律要保障個人自由，另一方面保障個人自由的同時也不得損害其他人和社會公共的權益。

2. 法律應該體現自由

法律規定著人們的行為，給社會上每個人都提供行為準則和規範，將整個社會納入秩序的軌道之中。這樣的行為規範確定了人們進行活動、交往的基本社會結構，從而為人的自由提供了模式。不同性質的法律，體現不同的理想目標和利益關係，也提供了不同的自由存在和實現的條件。

在社會中，自由是各種權利和義務所共同聚集而成的一種狀態，法律在確定人們的權利和義務的時候，就實際上確定了個人的自由的範圍，也正是法律如何確認和保障自由的體現。首先這些權利和義務，因為是法律所確立的，所以具有公開性、明確性，這就明確了到底權利和義務有哪些，自由的範圍和界限也能很好地明確，自由不會受到不確定性的阻礙和限制。其次法律明令公布的權利和義務，使得自由具有確實的保障，可以借以這些權利和義務來得到具體的實現，也會有國家的強制力保障其真正的享有、不受侵犯和受害之後的救濟。

3. 法律之下的自由

法律保護之下的自由，部分取決於憲法和法律的性質和規定，部分取決於法律的實施，並且後者經常在更大程度上左右著自由。自由取決於法律的實施的含義是：公民的自由是以法律的形式存在的，但法律並不是自由權的自動保障，公民的自由權必須在實際的權利形式而導致的具體的權利衝突中，通過對權利及其衝突的公正、合理的安排和調整來實現，這就需要司法部門來衡量，同時也需要通過在社會生活中將法律規則轉化為人們的行為，即通過普遍守法來實現。

公民的自由權是行為自由和行為責任的結合、個人自由和社會自由的統一。自由和責任、個人和社會是公民自由權的兩對矛盾。行為自由和行為責任是內在地聯結在一起的。自由意味著人們應該對自己的行為負責，也需要控製自己的行為，否則就必須要對其不當行為承擔由此帶來的後果和責任。自由並不是無界限的，自由更多的是和責任相聯繫的，有多大的自由就應該承擔多大的責任，自由帶來的利益和責任，都應該是行為人應當預見的，而不是只享有對利益的佔有，而不承擔相應的責任。當個人自由損害到他人自由的時候，就不再受到法律的保護，反之還要承擔法律上的責任。

三、正義

(一) 正義的概念

正義觀念起源於古希臘。在古希臘，正義具有神聖的性質，是與強力和暴力相對而言的，是與弱肉強食相對應的社會價值，同時具有秩序的含義。蘇格拉底認為正義是社會和心靈的和諧。柏拉圖則強調正義是一種內在的和諧。古羅馬法學家認為：「正義是基於每個人對應得的部分的這種堅定而恆久的願望。」亞里士多德指出：正義涉及兩個要素，一是人，二是分配給人的事物，何種分配方式是「合適的」「公平的」「合理的」，這就涉及用什麼標準來觀察、評價。從這裡得出，正義是合適地分配事物的狀態，它包括兩種分配：一是物質利益的分配，根據對社會的貢獻分配是正義的；二是懲罰的分配，根據對他人、社會的危害分配也是正義的。我們認為正義的分配應當包括「利益」的分配，這裡的利益包括物質利益和精神利益；同樣包括「非利益」的分配，即義務和責任的分配。

一個時代的正義觀來源於現存政治、經濟制度，這並不等於說任何正義觀都與現存分配制度一致，恰恰相反，正義觀具有對現存社會結構的評價作用，正義觀一般超越現存社會結構，是社會進化的精神力量。正義觀具有差異性和流變性，同一時代的不同人群、不同時代的人的正義觀具有很大差異。農業社會崇尚按身分分配的正義觀，工業社會崇尚人人平等的正義觀，按人的行為分配利益和義務。但正義觀的時代差異性和社會歷史流變性都不是絕對的。正義有其他最低的不變的內容，第一正義要求分配利益和義務，不是任意的而有一定的規範和標準，如摩西十誡、佛教戒律、中國古代對盜賊的否定、要求守信用、欠債還錢等，都是歷久彌新的規範。第二，有一定標準的平等，或是量的均等，或是按人的貢獻平等，或按社會身分平等，就是正義要求的普遍性。第三，起碼的中立，即分配利益的人，起碼保持一定中立。這表現為法官在審判中不能夠自斷其案，防止感情、利益等非理性因素的干擾。

(二) 正義的分類

亞里士多德對正義做過分類，他以正義所涉及的領域不同為標準，把正義分為分配正義和矯正正義。分配正義即分配財產的正義，這種正義按等比關係的原則分配，即以人對社會做出的貢獻大小為標準，貢獻大的所得多，貢獻小的所得少。矯正正義是人際交往中的正義，即公平處理糾紛，實行法律面前人人平等。

按正義涉及的不同領域為標準對正義進行分類，通常可以分為制度正義、形式正

義、程序正義。

制度正義即社會制度正義，指社會財富、資源、責任分配是合適和公平的。一般認為，制度正義起碼要解決兩個問題：第一是社會權力資源分配，由於現代社會分層是必然的，任何社會不可能使任何人的權利相等。這裡分配標準就是人的智力、體力、道德修養，以此為標準，社會公職向任何人開放，公平競爭。第二是社會財富分配，正義的社會財富分配的著眼點並不在於平均，而在於所得是否應得，在於社會不平等被控製在社會公眾所能容忍的範圍內，並對弱者提供幫助。在這裡，國家分配財富的權利應該受到限制，應當主要通過市場（社會）、個人的行為本身來確定財富的佔有和流通，否則，將難以避免「按權分配」的非正義分配方式。

形式正義是對法律和制度公正一致的管理，它不管制度是否正義，只看制度能否實現。一般認為，形式正義就是同樣情況的人相同對待，這是表面上的正義，包含了不同的情況不同對待。如果制度是正義的，那麼就實現了正義，反之可能帶來不正義。如果制度正義確定金錢的分配方式，形式正義則是解決等價交換。當然形式正義不是不重要，一個不正義的制度在實現中難以達到形式正義；一個缺乏形式正義的社會，制度正義也難以實現。

程序正義是指保證實現制度正義和形式正義的方法。為了制定正義的立法，應有正義的立法程序；為了有正義的行政行為，應有正義的行政程序；為了保證司法公正，必須有公正的司法程序。

(三) 法律與正義

法律意味著對任意暴力的限制，這是正義的首先內容。古希臘就強調正義是法律絕對的基礎和原則。古羅馬人始終認為法學是正義、善良之學，法律就是正義，用正義來改善和充實法律。西方法律現代化的過程，就其價值方面而言，就是正義觀的進化與法律化的過程。直到今天，西方法不僅在內容上，而且在用語上都與正義不可分。

正義對法律進化起了極大的推動作用。正義作為法律的最高目的和區別良法與惡法的標準，始終是法律進化的精神驅動力。任何法律制度都或多或少以正義為其目標。不管統治者是否願意，正義作為社會價值，始終是衡量法律良惡的標準。在古羅馬，正義是法律靈魂，法學家以正義為基準創造法律、解釋法律。正義使法律進化表現在：第一，正義的最低要求是相同情況的相同對待，正義要求規範的普遍性，提高了法律普遍性程度。第二，正義推動了法律平等的實現。正義要求標準同一性，必然會促使人們對平等的向往。第三，正義推動了控權法律的產生和完善。正義與平等、自由不可分，而對平等、自由的最大威脅，來自政府濫用權力，在正義的推動下，人類創制了以控權為主旨的憲法和行政法。第四，正義推動了程序法的民主化、科學化。正義實體目標的實現要求嚴格、明確、公正、公開的程序，形式正義和程序正義是正義的組成部分，正義是程序法進化的直接力量。

法律也是實現正義的重要手段。正義的最低要求是限制任意暴力，其實現離不開具有強制力的法律規範。這表現在兩方面：第一，立法使正義的要求規範化、明確化。任何時代的立法，都或多或少包含了一定的社會正義內容，即使是專制立法，也會對

任意侵犯人身和財產的暴力有所限制。立法是形式正義和程序正義的主要表現形式，法律面前人人平等、等價交換這些形式正義的內容至今仍然是重要的法律原則。第二，通過實施法律來實現正義。正義作為社會價值必然會遭受到各種形式的侵犯，法律依仗其強制性，裁決糾紛，懲治非正義行為。

四、平等

(一) 平等的含義

平等是指人或事物的地位完全處於同一標準與水平，都被同樣對待。亞里士多德對平等的經典定義是：相類似的事物受到相類似的對待；與此同時，不相同的事物根據它們的不同而予以不同的對待。因此法的平等價值與法的自由等的核心價值有所不同。後者本身的正當性是毋庸置疑也不需證明的，它不需要依賴其他標準的評判，也無所謂還需追求除自身之外的某種更核心的價值。而前者的正當性必須借助除自身之外的某種標準進行論證，其自身的價值在於實現其所追求的更核心的價值。

法律意義上的平等，主要包括：人格平等，即不分性別、種族、經濟或政治狀況，人人社會地位平等；機會平等，即人人都有發揮潛力去創造財富的同等機會；權利平等，即平等地享有法律權利和履行法律義務。

近代的平等概念由自然法學派首倡，他們認為平等是人的自然權利，屬於基本人權範疇，主張人性平等、人生而平等。

平等是歷史的產物。儘管人性平等的觀念非常古老，但它發展成為近代政治、社會地位平等的觀念，則經過了幾千年。直到近代資產階級的反封建、反專制的鬥爭，其才正式承認權利平等和法律面前人人平等原則。這種平等觀念演變的歷程之漫長，主要是由社會歷史發展固有的進程所決定的。因為平等內涵的豐富和平等權利的享有，總是受當時所處歷史階段的生產力水平及其文化發展水平制約的。因此，對於何謂平等的評價標準並非永恆絕對的，特定歷史條件下的不平等也可促進社會文明的進步而具有歷史正當性。而伴隨歷史的演進，人們也可能對某些在今天看來平等的事物產生新的評價。

(二) 法的平等價值

1. 法的平等價值及其實現

任何社會的法律，都有其平等的原則和範圍，法的平等價值主要體現在權利的平等。公民所享有的平等權利有兩種結構：一是獲得平等對待的權利，如人人享有平等的投票權。二是作為平等者受到平等對待的權利，即倘若個體不能分享某些利益，分擔某些負擔，但有權得到和其他人一樣的受到平等尊重和關注的權利，如法律對婦女、未成年人的某些特殊規定。而無論哪種結構，其都說明了權利平等的實質是主體的權利資格的平等。它具體體現在立法、法的適用與守法中的平等。

立法平等，指所有類屬相同的人，除特殊理由外，均應被視為平等地享有同類法律權利的資格和平等地承擔法律義務的主體。這意味著立法不能因階級、身分的不同而對享有權利的主體予以區別或對主體享有的權利予以限制，也不能因此給予某些主

體優越於其他同類主體的特權。儘管人們實現權利的主客觀條件，如能力、環境等有所不同，由此產生的效果也會有所不同，但權能本身必須是等質等量的，或者至少在同類屬主體中是等質等量的。儘管權利可能因違法犯罪受制裁而被部分或者全部剝奪，但權利在被賦予之初，其權能卻應當是完滿的、平等的。《憲法》第33條規定：凡具有中華人民共和國國籍的人都是中華人民共和國公民。中華人民共和國公民在法律面前一律平等。這意味著凡具有中國國籍的人都平等地享有憲法和法律規定的權利，平等地履行憲法和法律規定的義務。其表面平等的標準是國際，而非身分或其他。這可視為立法平等的依據。

法的適用的平等，是指法律應當同等地適用於同類社會主體的同類行為，除非有充足和明顯的理由而在立法上享有特權和豁免權，否則，任何人和組織都不得被區別對待或豁免。

守法平等是指任何人和組織都必須遵守法律，都沒有超越法律的特權。

2. 法的形式平等與實質平等

有關法的平等理論可以概括為兩種，即形式平等理論和實質平等理論。在「從身分到契約的運動」中，自由是主題，一切價值和制度必須為增進個人自由而存在才有意義，平等亦不例外。因此，平等在邏輯上只能以形式的特徵與自由連接在一起，強調個人意識自治並對此予以最大的尊重，使個人的內在價值和潛力都得到自由而充分的發揮。為此，主體在形式上必須是抽象平等的，是拋棄了一切具體特質的以抽象人格存在的個人。這種形式平等的進步，僅僅在於其平等形式的範圍較之過去有所擴大，而並無質的突破。因為任何社會形態的法律，在形式上總是存在著某種平等性。即使是完全為身分法、特權法性質的奴隸制、封建制法律，其特定的某類法律規範對被統治階級所有成員的適用是平等的，對統治階級內部不同階層中某個階層內所有成員的適用也是平等的。但在這種形式平等下，存在的卻是實質的不平等。

隨著社會發展，不受約束的形式平等之惡果開始顯現，其產生了壟斷、兩平等價值應當體現於法的形式平等與實質平等的辯證統一。實質不平等的法律可以以平等的形式出現，而形式不平等的法律也未必就是實質不平等的法律。比如，法律規定只有達到一定年齡的人才享有選舉權和被選舉權，才可以締結婚姻；限制行為能力人或無行為能力人可以減輕或免除刑事責任；孕婦不適用死刑；人大代表在會議期間享有發言免責權等。這些法律規定看似為「身分法」「特權法」，然而卻是因主體的年齡、健康等自然屬性以及需要履行特定社會職責等特殊性而做出的相應的規定。因此恰恰是這種形式上的不平等，反而在實質意義上實現了平等所追求的公平主旨。

同時，由於平等是一個歷史範疇，因此，在特定歷史條件下，為了達到實質平等，又是必須容忍在某個特定時期的形式不平等。例如，《憲法》雖然規定中華人民共和國公民都有選舉權，但《中華人民共和國選舉法》規定，省、自治區人大代表的名額，按照農村每一代表所代表的人口數4倍於城市的原則來分配。之所以要對城鄉每一認可的代表權重作出不同規定，是因為中國現有的13億人口中有8億在農村，如果城鄉的代表權重相等，那麼就會限制甚至在事實上剝奪某些非農階層的話語權，使「人大」變成「農大」，形成利益表達上的實質不平等。因此，為了使各個階層的利益都能得到

充分表達，保障人口比較少的階層也能夠自由博弈，基於現實國情，人們有必要暫時容忍法律以形式不平等的面貌出現。

3. 法的平等與事實平等

任何權利都是把同一標準應用在事實上各不相同、各不相等的人身上。因而，「平等的權利」就是不平等，就是不公平。可見，規定了法律的平等並不意味著事實上的平等。能否在事實上實現法律規定的平等，受到社會制度、生產力水平以及主體自身條件等多種因素的影響。當前，由於中國尚處在社會主義初級階段，生產力水平還欠發達。因此，中國同樣存在法律平等下的事實不平等的狀況。其原因和表現主要在兩個層面：一是就個體層面而言，人們經濟狀況、社會地位和文化程度的不同，決定了人們實際行使權利能力的大小。例如法律規定了公民平等的受教育權，但有的公民可能因自身經濟條件的限制而無法接受高等教育。二是就國家層面而言，社會進步的成本被不合理分攤。例如農民和城市居民的待遇和負擔就很不平等，改革開放之初大部分被轉嫁給農民、城市下崗工人和退休人員。

五、效率

(一) 效率的含義

效率原是經濟學概念，其基本意義為：從給定的投入量中獲得最大的產出。即以最少的資源消耗取得同樣多的效果，或以同樣多的資源消耗取得最大的效果。具體而言有三種理解：投入產出率，指資源投入與生產產出之間的比率；帕累托效率，即資源配置效率，指如果不存在另一種生產上可行的配置能夠使該經濟中所有個人感覺同原初的配置相比更好些，那麼這一種資源配置就是最優的；社會整體效率，指社會生產對提高社會全體成員生活質量和促進社會發展的能力。與自由、正義和秩序一樣，效率也是社會重要的美德，良好的社會應當是高效率的社會，沒有效率的社會無論如何不能被視為完善的社會。

但是長期以來，在倫理學領域，效率不但不受推崇，反而往往成為被壓抑的對象。這主要是因為對效率的追求具有深厚而強烈的自利動機，人們認為沒有對其再加以強化的必要，並且對對其強化所可能導致的消極結果抱有警醒。同時囿於認識水平有限，人們對經濟增長、社會發展與社會福利提高之間的正向效應沒有充分認識，將對效率的追求隱含在一般的幸福範疇之中而未將其凸顯。這種狀況直至功利主義倫理學的產生，才得到很大的改變。功利主義在把倫理思想的基點從義烏轉向權利，從自我犧牲轉向自我利益，從利他到自利等方面極富成效和影響。以邊沁為代表的功利主義法學提出，是否增進最大多數人的最大幸福是衡量一切行為和制度之正確與否的標準，幸福是一切行為的共同目標，行為中導向幸福的趨向性就是功利。凡是能減輕痛苦、增加快樂的，在道德上就是善，在政治上就是優越，在法律上就是權利，進而對各種「反功利原則」進行有力的批判。該學說在一定程度上為區別正當與否提供了實證性的證據，其把效用原則作為個人活動的基礎，把幸福觀念作為進行選擇的標準，也在一定程度上反應了人們所關心的正義問題。但它有兩個致命的缺陷：一是「功利」作為

導向幸福的趨向性，其與個人特點密切相關，具有不可度量性與不可比較性。二是其往往同狹隘的功利主義相聯繫，片面突出了與正義等觀念的衝突，因而阻礙了自身在倫理學中的適當定位。

因此，現代社會傾向於用「效率」替換「功利」，以揚長避短。20世紀60年代經濟分析法學形成，其致力於用經濟學的分析方法分析法律問題，把效率的觀念引入了法學領域。它的核心思想是將效率作為法的宗旨，認為所有法律制度和法律活動都是以有效利用自然資源和最大限度增加社會財富為目的。這雖然有失偏頗，但無疑具有較大合理性。當人們逐漸普遍接受效率原則為法學的分析範疇時，效率就作為法的重要價值而成為衡量法律制度正當性的標準。

(二) 法的效率價值的實現

國家在某種意義上可視為是一種超級壟斷組織，近代的主權概念就是這種壟斷的集中反應。壟斷的強制性決定其通常無法達到帕累托最優，但壟斷並不絕對無效，在下列情況，壟斷也可能是有效率：壟斷與規模經濟相適應，壟斷的有益效應大於其有害效應；壟斷組織內部基於權威的協作降低了交易成本，使組織的存在具有比較優勢；壟斷受到消費品替代效應的制約。

如果把法律視為國家提供的服務，那麼就可以發現，在立法、法的適用和司法過程中，國家總是在自覺或不自覺地實現法的效率價值。

1. 立法實現法的效率價值

立法從效率的角度看，應當實現兩個目標：一是規定競爭與合作的基本規則，提供一個所有權結構以使統治者最大限度地增加收入。二是在前一個目標的框架內，減少交易費用，以便促使社會產出的最大化，從而增加國家的稅收。由於規則能夠降低交易費用，而規則通常與制定者的利益緊密相關，因此，立法者通常會把規則限定在自己權威所能控製的範圍內，而並不傾向制定遭受抵制而權威又無法對其予以維繫的規則。故而，有規則通常總是勝於無規則。此即以為，立法本身就是極具潛在效力的行為。

同時，現代立法理念與立法技術也愈加關注在立法中實現效率價值。例如，現代公法領域中的立法十分強調控權，因為實踐證明公權運行的邊際效應是遞減的，權力介入的範圍過寬，只能導致法律施行的低效甚至無效。而在私法領域，立法又尤為重視權利主體之間的意識自治，讓權利主體形成自發的利益博弈機制，只要沒有出現顯失公平的情形，法律一般不予干預。這些都是立法效力的體現。

2. 適用法律實現法的效率的價值

雖然法律具有國家意志性並由國家強制力保證實施，但這並不意味著法律適用就不存在具有競爭性的替代品。因為對法律適用的制約因素很多，比如，法律是否符合人們通常的道德感情，法律是否符合當地的風俗習慣，等等。因此，如果法律是惡法或者雖非邪惡但得不到民眾的認同，那麼人們就可能棄法律於一旁而選擇其他評價標準或解紛模式。比如，信訪等民間訴求途徑，就是作為現行法律體制外的非常救濟路徑而存在的。這些合法的競爭壓力的存在，在客觀上對法律這種「壟斷品」形成制約，

促使其必須注重在適用中的效率,這就是法律適用必須考慮民情與風俗等的原因所在。

同時,與法律適用存在競爭的還有非法的壓力。即使在民主社會裡,也會有一部分人不願意進入權力集團內部進行合法的權力競爭,而傾向於站在社會的對立面或者選擇法律盲點立足。倘若法律適用時無效率,那麼原本應適用法律調整的空間就可能由亞規範所取代。這在一定程度上可以用來解釋黑社會的存在。而在此情況下,如果法律不能迅速提高適用的效率和強度,那麼就會有非法勢力所掌握的亞規範全面取代法律規範的危險。這也就是法律適用中之所以要強調有法必依的原因所在。

3. 司法實現法的效率的價值

從經濟學角度,司法的功能是減少違法行為的供給。它有兩個途徑:一是加重對違法行為的懲罰,二是提高處罰的可能性。當代司法出現了輕罪化的潮流,這從司法效率的角度而言是有其合理性的。因為司法所能施加給權利主體的懲罰是有限度的,如果對輕罪施以重罰,那麼對重罪施以更重處罰的空間就相對減小了。而如果從輕罰到重罰之間的遞進幅度無法與輕罪到重罪之間的遞進幅度相一致,那麼顯然更重處罰對重罪的威懾力就會減弱。就社會危害性而言,重罪相較於輕罪而言是更應當給予震懾的罪行。而在上述情況下,雖然投入了重罰的司法資源,但其威懾力卻沒有得到應有的發揮,這顯然是一種低效率。因此,現代民主法治國家選擇打擊犯罪的司法舉措,普遍著重於提高犯罪被處罰的可能性,而非加重處罰的程度。可見,輕罪化實質是在投入一定的條件下獲得了更高的效益,因而是司法高效率的體現。

司法懲罰中出現的以財產罰替代人身罰的趨勢也是符合法的效率價值的。如果實行人身罰,那麼國家將要承擔監獄的建造、維修及必要日常開支,還要承擔警力的負擔,並且被關押本身也無法創造出應有的財富。而如果對犯罪人施以財產罰,只要他們不是足以嚴重危害社會的人,那麼此舉將大量節省司法資源的支出,同時,犯罪者在社會上也可以創造出比在監獄裡更多的財富。因此,適當地以財產罰替代人身罰,實質是在減少成本的同時增加了產出,亦是司法追求效率價值的體現。

司法實現法的效率價值還體現在司法對審級和審限的規定上。「遲到的正義非正義」是西方古老的法諺,它形象地說明了司法裁判對受害人及時救濟所具有的重要意義。司法裁判在規定的時間內經過了既定的程序後,就應當產生終局性的裁判。這既是彌補受害人的損失、給受害人以撫慰的需要,也是給予公眾確定性指引的需要。如果司法的終局裁判可以因不斷提高審級或任意延長審限而遙遙無期,那麼即使最終等到了終審裁判,那也不過是一張寫滿了字的紙,受害人在這漫長的等待中無疑是受到另一種創傷,而司法的權威也會因此在公眾的心目中減損。可見,如果司法背離了效率價值,那麼司法本身就是在製造不正義。

(三) 法律與效率

效率是法律的價值,而法律又能保護和促進效率,二者是相輔相成的辯證統一關係。

1. 法律對效率的作用

第一,法律通過調動勞動者生產積極性,從而提高效率。在基本意義上,效率即

生產力的進步。生產力的三要素是勞動者、勞動資料和勞動技能。法律正是通過對人權、物權以及知識產權的保護來促進生產力的發展。

第二，法律通過保障物質利益以提高效率。個體的物質利益是社會發展的原動力，只要承認和保護人們的自我利益並使之成為權利，才能激勵人們在法律範圍內最大限度地實現物質利益。但人們在追逐利益的過程中必然會產生對立和摩擦，從而造成資源的浪費。因此，法律通過對各種利益進行權衡、選擇，以設置權利、義務的方式將這種對立和摩擦減少到最低限度，從而提高經濟效益。

第三，法律通過確認和保護產權關係以提高效率。明確的產權關係是有效利用各種資源的前提，因為財產權需要流轉，否則，資源就無法從低效率利用流向高效率利用。法律正是通過對財產權的確認和保障以鼓勵人們為效率的目的而佔有、使用以及轉讓財產。

第四，法律通過推動和保障制度創新以減少交易費用，從而提高效率。交易費用是經濟制度的運行費用，類似於物理學中的摩擦力。法律通過明晰產權制度、激勵企業組織形式的創新以及不斷完善市場機制之不足等的相關規定從而使交易費用得以有效減少。

2. 效率對法的作用

第一，影響法的調整範圍。法律的調整對象是一定的社會關係，哪些社會關係納入法律的調整範圍由立法者根據社會發展的需要而決定。當效率成為法的價值後，法對經濟關係的調整範圍得以擴大。在當代社會，法的經濟職能日益得到加強，有關資源配置、適用等方面的法律規範日漸增多。

第二，影響法律的調整方法。法的效率價值使法的調整方法更加靈活，例如，在法律對權利的保護方法上，當交易成本特別高的時候，權利可以不經所有人同意而由無權利人佔有和使用，同時由該無權利人對權利人的損失給予補償。這種雖不盡合乎正義但卻合乎效率的權利保護方法並已在當代法律中予以規定。

第三，影響權利、義務的分配。當效率成為法的價值，即意味著權利、義務的分配不再僅僅是依據正義、公平等標準。效率價值必然促使原有的權利、義務結構做出相應調整。

第四，影響法律程序。當代各國普遍採取措施以提高法律程序的解紛效率，這極大地降低了制度成本，節省了司法資源。

第三節　法律行為

一、法律行為的釋義

法律是通過對行為的調整來實現調整社會關係、穩定社會秩序的。那麼如此看來，與其說法律存在於法律規範和法律文本之中，不如說法律存在於外部行為之中。法律規定了人們應當如何進行行為，那麼按照法律規定所做的行為、不按照法律規定所做

的行為因而受到懲罰承擔法律責任等等,這一切都體現了法律存在和運行的痕跡,是「紙面上的法」轉換為「現實中的法」。因而,研究法律,法律行為應該是我們所要重點把握的對象之一。

在現代法理學中,法律行為是指具有法律意義和屬性,能夠引起一定法律後果的行為。法律行為首先是要有法律的規定,一個行為是否能成為法律行為,是需要其滿足法律所規定的條件;其次它會引起一定的法律後果,法律行為一旦做出,就會得到法律上的一個正面評價或者負面評價,產生一定的法律後果,可能是行為人預期希望的後果,也可能會被法律規定強加一個不利的後果。

法律行為的結構包含著內外兩個方面:一是內在意志方面。即法律行為必須包含著一個內在的、主觀的心理,包括動機、目的和認知能力等要素。二是外在表現的方面。即法律行為會外化為現實的活動,表現為行動、手段、效果等。從中國的法律上來看,法律行為也是不能指非基於意識的單純外部活動,法律行為必須是以意志為內在因素的。值得注意的是,法律行為還分為客觀上的作為和不作為,因此,在特殊情況下沒有外部的身體活動也仍然構成法律行為,例如不履行贍養義務。

二、法律行為的分類

根據不同的標準,可以將法律行為分為不同的類別。按照法律部門的不同,法律行為可以分為民事法律行為、刑事法律行為、行政法律行為、訴訟法律行為等。另外還有主法律行為、從法律行為等。下面介紹幾種比較重要的分類。

(一)合法行為、違法行為和中性行為

根據行為是否符合法律的規定,將法律行為分為合法行為、違法行為和中性行為。

合法行為是按照法律的規定進行的行為,是法律所提倡的行為,行為人進行了這一行為後能夠得到法律的正面評價,可以得到自己預期的法律後果,比如簽訂合同的行為等。違法行為是行為人行使了與法律規定不一致的行為,該行為違反了國家現行的法律規定、危害了法律所保護的社會關係,具有違法性和社會危害性,表現為不履行法律所規定的義務或者為法律所禁止的行為,包括一般的違法行為如違反交通管理規則和嚴重的違法行為如犯罪行為。該行為會得到法律的負面評價,給行為人帶來不利的法律後果,比如犯罪行為等。還有一種學者所提出來的中性行為,這種行為介於合法行為和違法行為之間,雖然沒有得到法律的允許,但也沒有被現行法律所禁止的行為。法律沒有將這種行為納入調整範圍,沒有辦法得到法律上的評價,包括法律不想干預的領域比如婚姻家庭關係中的有些情感領域,法律不是萬能的,也不能干涉社會生活的每個領域,有些社會關係只需要道德等的規範就好,不需要法律來強制干預;還包括法律漏洞領域,社會生活瞬息萬變,立法者也沒有辦法預見到所有社會生活會出現的新情況,在社會生活中已經產生但囿於立法的滯後性還沒來得及調整的行為。對於這種行為,如果行為人是公民個人,那麼一般遵循著「法無明文禁止即自由」,法律不會對其產生負面評價,要求其承擔法律後果;但是如果是國家機關等行使權力的時候所做的行為,則按照「法無明文授權即禁止」,需要為自己的中性行為承擔法律

責任。

(二) 積極法律行為（作為）和消極法律行為（不作為）

　　根據行為人具體的行為方式是積極的活動還是消極的不活動，可以將法律行為分為積極法律行為（作為）和消極法律行為（不作為）。積極法律行為是指行為人以積極的活動去作用於客體，以此行使權利或者履行義務，其外部表現為身體的積極活動、一定的動作或系列動作，比如提供勞務等。消極的法律行為是指行為人以消極、間接的方式作用於客體使其發生變化，表現為不作出具體的行為保持客體不變或者放任客體的變化。比如物權法律要求物權以外的人對物負有不作為義務，如果行為人違反了該義務，對物進行佔有、使用，那麼就構成了違法行為。

(三) 抽象法律行為和具體法律行為

　　根據法律行為的生效範圍和效力對象，可以將法律行為分為抽象法律行為和具體法律行為。抽象法律行為是針對未來不特定的事項所做出的，針對的不特定的人，具有普遍的效力，立法機關制定法律規範就是典型的抽象法律行為。具體法律行為指的是針對特定的事項做出的法律行為，只對特定的人發生效力，不具有普遍的效力，比如行政機關做出的處罰決定。一般來說，只有組織機構可以做出抽象法律行為，單個公民只能做出具體法律行為。

第五章　法律關係與法律責任

第一節　法律關係

一、法律關係概述

（一）法律關係的概念

法律關係屬於社會關係的一種，並不是所有的社會關係都需要靠法律來調節，社會道德、宗教等也會有調節社會關係的作用，而被法律所調整的那部分社會關係，才叫作法律關係。

「法律關係」的概念來自於羅馬私法中的法鎖，也就是我們所說的「債」這一概念。「債」是要求有關主體為一定給付的法鎖，它表現為依據法律所結成的對雙方均具有約束力與強制力的債權債務關係。其作為專門概念，由薩維尼在其經典文獻《當代羅馬法體系》中第一次明確做出闡述。他將法律關係定義為「由法律規則所決定的人與人之間的關係」，認為法律關係由兩個部分構成：第一部分稱為法律關係的實質要素——事實狀態；第二部分稱為法律關係的形式要素，它使事實狀態被上升至法律層面。法律關係在最開始主要適用於私法領域，但隨著法律和法學的發展，其運用範圍逐漸地擴大，引起了法理學的廣泛討論，也是法理學的重要問題之一。

（二）法律關係的特徵

1. 法律關係是以法律規範的存在作為前提

如果沒有法律規範的調整，社會關係是不會變成法律關係的。比如說戀愛關係、友誼關係等等，這些社會關係也是人們在日常人際交往中產生的，但是法律沒有干預這些社會關係，於是它們也不是法律關係。社會關係只有被法律納入其調整範圍的時候，才會變成法律關係，所以說法律關係的產生是以法律規範的存在為前提。

另外，法律關係也是法律規範的實現形式。正是因為在法律規範的調整下產生的法律關係，作為文本的法律才具體地在社會生活中得以實施。這些由權利和義務所組成的法律關係，也正是法律規範在現實生活中存在的體現。

2. 法律關係是以主體之間的權利和義務為內容的

法律關係是以主體之間的權利和義務為內容的，這是法律關係區別於其他社會關係的重要方面。法律賦予社會關係中的各主體相應的權利和義務，以此來調整其之間的關係。具體來說，就是法律規範對於相關主體，賦予一定的權利和相應的義務，這

時候在主體之間就形成了一種法律上的關係。主體各方通過對權利的實施、義務的履行，就可以將法律上的權利和義務轉化為現實的權利和義務，也就實現了法律對社會關係的調整作用。

3. 法律關係是國家意志的體現

法律規範本身就具有國家意志性，法律體現的是國家的意志。而以法律規範為前提，以法律規範所設定的權利和義務為內容的法律關係，也是國家意志的體現。國家設定的權利和義務，只有法律關係中的主體各方能夠按照法律的設定行使權利、履行義務，那麼這樣才能形成法律關係，也是這樣的法律關係，才能被國家所承認並且給予保護。

但是法律關係的國家意志性並不否認它的客觀性，本身其作為社會關係，就是社會發展到一定階段所產生的，是社會經濟條件下產生的一種人與人之間的關係，其受到社會歷史發展和社會生活本身的制約。而因為其可能在社會生活中有重大影響，必須要法律的調整才能很好地規範，所以法律對於其中各主體配置權利和義務，使其按照國家的意志來運行。

4. 法律關係是由國家強制力所保障的

法律關係中所包含的權利和義務，都是法律所賦予的，是由國家強制力所保障的。一方面這一法律關係中的各主體都被分配了相應的權利和義務，按照法律的規定行使權利、履行義務，就能得到法律的保障，由國家強制力所保護的這一法律關係的各主體能夠達到其預期的後果。另一方面法律關係中的主體也必須按照法律所設定的權利和義務行動，不能自行安排權利和義務，不得隨意破壞和違反法律的規定，否則就會得到法律的負面評價，承擔相應的法律責任。

二、法律關係的構成要素

根據法律關係的一般原理，任何法律關係都必須具備主體、客體和內容三個要素。

(一) 法律關係的主體

法律關係的主體是法律關係的參加者，是法律權利的享有者和法律義務的承擔者，是構成法律關係最根本的要素，如果法律關係沒有主體的意志和行動，那麼根本就不能存在。其中權利的享有者叫權利主體，義務承擔者叫義務主體。

是否可以成為法律關係的主體，這是由法律所明確規定的。在不同時期，法律關係的主體有所不同，經過長期的歷史演進，一般來說法律關係的主體包括自然人和法律上的擬制人。目前就中國來講，法律關係的主體主要包括公民（自然人）、法人和其他組織。另外在特殊情況下，國家也可以成為一定法律關係的主體。

作為法律關係的參加者，相關主體資格是由法律來規定的，具體的方法就是通過確定主體的權利能力、行為能力和責任能力來賦予主體參加法律關係的資格。具備權利能力、行為能力和責任能力就是成為法律關係主體的資格和條件。

1. 權利能力

權利能力是法律關係的主體享有權利和承擔義務的資格，所有參與法律關係的主

體,都必須享有權利能力。但是根據客觀主體的不同,對自然人和法人的權利能力,法律做了不同的規定。

自然人的權利能力有一般權利能力和特殊權利能力。一般權利能力是所有自然人都享有的權利能力,這種權利能力是參加一般法律活動所需要具備的資格,不能被隨意剝奪和限制,如《中華人民共和國民法總則》(2017)第13條規定:「自然人從出生時起到死亡時止,具有民事權利能力,依法享有民事權利,承擔民事義務。」特殊權利能力則與其從事的具體法律活動有關,對其主體作了一定範圍的限制,如選舉權等。

法人的權利能力開始於法人依法成立之時,自法人解散或撤銷時消滅。

2. 行為能力

行為能力是法律關係主體能夠通過自己的活動行使權利、履行義務的能力。行為能力是當事人必須在已經具備相應的權利能力的同時,才可能通過自己的行為具體地行使權利、履行義務。

和權利能力不同,權利能力是賦予主體行使權利、履行義務的資格,而行為能力則是承認主體可以通過自己的行為來具體實現其權利、履行其義務。行為能力以權利能力的享有為前提,但具備權利能力並不意味著當然地具備了行為能力。權利能力的設置是為了給主體提供參加法律活動的資格,而行為能力是針對主體的差異性,對主體是否可以通過自己的行為來具體實現權利和義務。

根據主體的不同,自然人的行為能力取決於自然人的年齡和健康狀況,比如《民法總則》規定,「成年人為完全民事行為能力人,可以獨立實施民事法律行為。」「八周歲以上的未成年人為限制民事行為能力人,實施民事法律行為由其法定代理人代理或者經其法定代理人同意、追認,但是可以獨立實施純獲利益的民事法律行為或者與其年齡、智力相適應的民事法律行為。」「不滿八周歲的未成年人為無民事行為能力人,由其法定代理人代理實施民事法律行為。」「不能辨認自己行為的成年人為無民事行為能力人,由其法定代理人代理實施民事法律行為。」這些都說明法律針對主體自身年齡、健康狀況的不同,規定了不同的行為能力。法人的行為能力和自然人的行為能力不同,法人的行為能力是由法人依法成立時的宗旨和業務範圍決定的,並由相關的組織章程所規定的。

3. 責任能力

責任能力是法律主體因違法等原因所引起的承擔相應法律責任的能力。責任能力與行為能力相關,一般來說沒有行為能力就沒有責任能力,有行為能力就有責任能力。但是要注意的是,刑事法律關係中行使責任能力的時候,責任能力具有相對獨立的意義。它強調主體對自己行為的性質、意義以及後果認識與持續控制的能力,以其獨特的方式指引和教育人們要理性地行為並對自己的行為負責。刑事責任能力種類與內容的確定也與主體的年齡和健康狀況有直接的關係,具體內容見中國刑法中的相關規定。

(二) 法律關係的內容

一般認為法律關係的內容包括法律權利和法律義務,具體內容見於本書第七章。

(三) 法律關係的客體

法律關係客體是法律關係主體之間建立起一定法律關係所指向的具體目標，是人們通過自己的意志和行為想要改變和影響的對象，是權利和義務的具體現實載體。簡而言之，法律主體行使權利和履行義務的現實對象，就是法律關係的客體。

一般來說，現代法律制度中法律關係的客體有以下幾類：

（1）物。能成為法律關係客體的物是指能滿足人們需要，具有一定的稀缺性，並能為人們所現實支配和控製的各種物質資源。它既可以是固定形態，也可以是沒有固定形態的，如電力等；既可以是人們通過勞動創造的，也可以天然存在的，如礦石等。

（2）非物質財富。又稱為精神產品或精神財富。它主要包括兩類：一是人們運用腦力勞動創造的智力成果，如科學發明、技術成果、文藝作品等；另一類是與人身、人格相聯繫的公民和組織的肖像、名譽、隱私等，因與人特定的身分直接相連，所以不能像一般的財產關係那樣，可以按照權利主體的意志自由消滅或更改，而是有著一些特殊的法律要求，如著作權中的署名權是不能更改和轉讓的，只有主體自己能夠享有。

（3）行為。有些法律關係中，權利和義務指向的客體不是一定的物而是一定的行為，包括為一定行為或不為一定行為。比如在家庭關係中父母和子女之間的贍養義務、撫養義務、夫妻之間的扶養義務等，都是指向的行為。

（4）其他。能夠滿足人們有關物質和精神需要的其他財富，如具有一定價值的和意義的信息等。

三、法律關係的分類

根據不同的標準將法律關係分為不同類別，本書介紹幾種常見的法律關係的分類，以幫助更加深刻地理解法律關係的意義。

（1）根據形成法律關係的法律規範所屬的法律部門的不同，可以將法律關係劃分為憲法法律關係、民事法律關係、刑事法律關係、訴訟法律關係等。這種分類的意義在於，不同法律部門的法律關係，其內容和性質是不同的，調整的方法也是不同的，在產生具體的法律關係的問題時，其解決路徑和方法也存在著差異。

（2）根據法律關係主體是否是具體、特定的，可以將法律關係分為絕對法律關係和相對法律關係。絕對法律關係中，權利主體是特定而具體的，而義務主體則是不特定的，是除權利人以外的所有人。典型的絕對法律關係就是物權、人格權等關係，在物權法律關係中，權利人是特定的人或組織，而義務人則是權利人以外的所有人。物的所有權的享有都歸權利人，權利人對物有絕對的支配和控製的權利，義務人的義務就使得不干預權利人行使其對物的權利。相對法律關係中，權利主體和義務主體都是特定而具體的，比較典型的就是債權法律關係，債的雙方都是明確而具體的，各自的權利和義務也只針對主體之間互相有效，債權主體對無關的第三人主張債權是沒有任何意義的，只有債務主體履行義務才能使權利主體的權利得到實現。

（3）根據法律關係主體在法律關係中的地位不同，可以分為平等型法律關係和隸

屬型法律關係。平等型法律關係又叫作橫向法律關係或平權型法律關係，是指法律關係主體之間的法律地位是平等的，都享有一定權利、要承擔一定的義務，並不存在基於權力和服從的關係，典型的就是民事法律關係。隸屬型法律關係又叫作縱向法律關係，是指法律關係的主體之間是不平等的地位，是服從和隸屬的關係。這種關係一般是基於職務和權力產生的，一方必須服從另一方，存在於具有職務關係的上下級之間，也存在於依法享有管理權職的國家機關和在其管轄範圍內的各種被管理的主體之間。最典型的就是行政法律關係。

（4）根據法律關係之間的因果關係不同，可以分為第一性法律關係和第二性法律關係。第一性法律關係，是主法律關係，是主體之間建立的不依賴於其他法律關係可獨立存在的法律關係。第二性法律關係，又叫作從法律關係，是因為第一性法律關係而產生的，從屬於第一性法律關係。比如說主體雙方建立一個民事法律關係，這是第一性法律關係。但是由於這種法律關係受到了不法干擾，使權利的行使、義務的履行受到了阻礙，那麼這時候就產生了第二性法律關係——保護與補救第一性法律關係，即一般的侵權損害賠償的法律關係等，甚至嚴重的還會引起刑事法律關係的產生，第二性法律關係在這時就起到保護救濟第一性法律關係的作用。第一性法律關係和第二性法律關係之間存在著關聯性，第一性法律關係在前，第二性法律關係在後，一般來說，第二性法律關係少，在一定程度上可以表明社會上法律運行良好。

四、法律關係的運行

法律關係的運行，包括法律關係的產生、變更和消滅。

（一）法律關係的產生、變更和消滅的概念

法律關係和其他的社會關係一樣，都是處於不斷地運行發展變化之中的。法律關係的產生是指法律關係主體之間根據法律規範形成了一定的權利和義務關係，法律關係的變更是指根據法律規定出現了一定的法律事實從而引起了法律要素的變化，法律關係的消滅是指法律關係的主體之間權利和義務關係的結束。

（二）法律關係產生、變更和消滅的原因

法律關係的產生、變更和消滅的前提是法律規範。因為法律規範將這一社會關係納入法律的調整之下，賦予了主體一定的權利和義務，所以法律關係才有可能因為一定的法律事實而產生。法律關係變更的直接原因是法律事實。由於一定的法律事實的出現，具體的法律關係才會產生、變更和消滅。比如在婚姻法律關係中，首先是法律規範規定了婚姻關係中夫妻之間的身分、財產等的關係，為主體建立婚姻法律關係提供了前提。如果沒有這樣的婚姻法律規範，也就不可能存在婚姻法律關係。但是法律規範只是給法律關係的產生、變更和消滅提供一種可能，具體的婚姻法律關係的產生是因為主體雙方都符合了結婚的相關條件，然後按照《婚姻法》的規定登記結婚，才形成了婚姻法律關係。登記結婚這一行為就是法律事實。

一般來說，根據是否以人的意志為轉移，將法律事實分為法律事件和法律行為兩類。

法律事件是指與法律主體的一直無關的客觀所發生的，能引起法律關係的產生、變更和消滅的事實或現象。一般可以分為自然事件和社會事件。自然事件包括洪水、地震以及人的生老病死等。社會事件包括戰爭、社會革命等。

法律行為是法律規範中所規定的，在一定意志支配之下主體所作出的，能夠引起法律關係的產生、消滅和變更的人的活動。本書在下一章會具體闡述法律行為。

第二節　法律責任

一、法律責任釋義

對於法律責任通常有兩種理解方式：第一，法律規定的義務。在這種含義下的法律責任指的是法律給法律關係的主體所設定的義務，要求其為一定行為等。比如子女有贍養父母的義務，夫妻之間有忠實義務，債務人人給付的義務等。第二，主體因為違反了法律上所規定的義務而應該承擔不利後果。一般來說，說到法律責任，我們都是將其做第二種理解，比如行為人實施了違約行為，這時候法律就規定其應該承擔相應的不利後果，也就是法律規定的責任。也有理解成主體違反了第一性義務而產生的第二性義務。

法律責任和法律義務的區別在於：①主體不同。法律責任針對的是特定的主體，專指違反了法定義務或約定義務的主體；法律義務的主體則不具有特定性，針對的是所有的社會主體。②法律責任經常會具有懲罰性，因為法律責任往往是主體違反了義務而產生的不利的法律評價，這時候為了救濟權利方而給違反方所配置的。法律義務則是作為與法律權利相對出現的，是調整社會關係的具體法律手段，一般不具有制裁性。③一般來說，法律責任的產生是以法律義務為前提，沒有主體對義務的違反就不會產生法律義務。

二、法律責任的特點

1. 法律責任的法定性

法律責任是由法律所規定的，法律主體承擔法律責任的依據是法律的規定。這樣當法律責任產生而主體不承擔的時候，才為國家機關運用強制力迫使其承擔提供了法律依據。

2. 由特定的原因引起的

法律責任都是由於特定的法律事實而產生的。一般來說違約行為、違法行為等是法律責任產生的最常見的原因。

3. 法律責任承擔的強制性

法律責任的承擔是由國家強制力保障實施的。一般來說，引起法律責任，必定是法律所規定的權利和義務關係沒有能順利實現，法律責任是為了補救相應的法律關係而產生的。這時國家強制力介入，迫使主體承擔相應的法律責任，使社會秩序、法律關係能重新進入正軌。

4. 法律責任的當為性

法律責任是主體在違反自己第一性的法律義務而產生的，其本身違反義務的行為會給國家、社會、他人帶來損失，而承擔法律責任就是彌補這一損失。那麼從道德上來講，法律責任的承擔也是正當的，是主體應當做的。

三、法律責任產生的原因

法律責任對於責任主體來說是一種不利後果和負擔，因此其產生必須有充足的理由。一般來說它產生的原因可以分為違約、違法和法律的特別規定，而違約和違法行為是常見原因。

（一）違法

違法是指行為人違反法律規定，實施了與法律規定相衝突的行為，不履行義務或者濫用權利，造成了損害，法律對其進行負面評價。

違法的構成要件包括：①主體要件。違法的主體必須是具有行為能力或責任能力的主體。②主觀要件。違法的主觀要件是指違法的主體對所實施的違法行為時的心理狀態。如果其實施的時候是明知有危險後果而希望或者放任其發生，稱之為故意；如果實施的時候雖然應當預見行為可能會發生危險後果，疏忽大意沒有預見或者已經預見但輕信能避免，最終導致結果發生的，稱之為過失。違法的主觀要件要求主體必須具有過錯，即需要有故意或者過失。③客體要件。客體是法律所保護的社會關係，違法是破壞了法律所保護的社會關係。法律所規定的一系列權利和義務等的要求，都是為了保護人與人之間的社會關係，保證社會的良好運行，社會秩序的穩定。不管是什麼樣的違法行為，都是對於法律所保護的社會關係的直接或者間接的破壞。④客觀要件。違法的客觀要件是違法所造成的損害後果，包括直接危害和間接危害。

（二）違約

違約是指合同主體違反約定，通過作為或者不作為的方式沒有履行合同所約定的義務。廣義上來說，違約行為也屬於違法行為的一種。民事違法行為就包括民事違約行為和民事侵權行為。但是，違約行為引起法律責任的產生和違法行為引起法律責任的產生有所不同，所以將其分開來介紹。

違約行為和違法行為的區別：①違約責任的主體是合同主體，針對的是特定的主體。而違法行為引起的法律責任是更加廣泛的主體，效力及於普通人。②違約責任屬於個別調整的範疇，違法責任則是規範性調整的範疇。③違法責任都是法律事先規定好的。違約責任包括兩類，一是法律事先的規定；二是合同雙方當事人可能在合同上事先已經約定了違約責任，只要不違反法律的規定，比如合同雙方在合同中就約定了違約金等。

（三）法律的某些特殊規定

在某些特殊情況下，法律主體沒有做出違約或者違法行為，其行為也符合法律的規定，但是因為出現了某些法律上特別規定的事實，此時法律主體也要承擔法律責任，比如產品致人損害導致的嚴格責任。因為違約、違法並不能涵蓋一切的情況，法律對

於某些特殊情況，會讓主體承擔相應的法律責任來實現社會公平正義。但要注意的是，這時候要求主體承擔法律責任，必須有法律的明確規定，否則就會任意擴大法律責任的承擔範圍。

四、法律責任的種類

法律責任根據不同的標準可以分為不同的類別。

根據不同的法律部門所確定的責任種類，可以將法律責任分為：民事責任、刑事責任、行政責任和違憲責任。

根據行為人的主觀過錯對法律責任的影響，將法律責任分為：過錯責任和無過錯責任和公平責任。

根據責任承擔的內容不同，將法律責任分為：財產責任和非財產責任。

根據起因和責任承擔方式，可以將法律責任分為：直接責任、連帶責任和替代責任。

五、法律責任的功能

法律責任的功能是指通過法律責任獨特構造和機制應該事先的對人以及社會的影響。具體指法律責任的歸責主體在嚴格的法律規則指導下的對責任主體歸責，責任主體免於或部分或全部承擔法律責任，事先對第二性義務的履行，對損害的救濟，並盡量減少未來發生損害的可能性。

法律責任主要有制裁功能、補償供能和預防功能。

（一）制裁功能

法律責任的制裁功能一般是指通過法律責任的承擔對責任主體進行懲罰。法律責任是對違法行為、違約行為的否定性評價，這種否定性評價除了使行為主體行為的預期後果無法達到外，往往還包括強制主體因其違法行為、違約行為而承受不利的後果和負擔。從國家和社會的角度來說，這就是國家對責任主體依照法律對責任主體施加的強制性懲罰措施。法律制度才是法律責任作用於人和社會最為嚴厲的方式。制裁針對人身或財產，主要是國家強制限制人身自由、剝奪人身自由、剝奪生命或限制、剝奪財產等。通過法律制裁，一方面可以利用使責任主體在外部受到損失而補救被破壞了的社會秩序；另一方面可以通過責任主體內心形成壓力機制，進而調整責任主體的未來行為選擇，遏止新的違法行為、違約行為的發生。

法律制裁與法律責任密切相關但又明顯不同。法律責任是法律制裁的前提，無法律責任即無法律制裁的可能。法律制裁是法律責任的功能體現，但有法律責任不一定會有強制性制裁措施的結果。一方面，法律責任因法定原因可能免於承擔；另一方面法律責任的功能不僅局限於制裁一種，因此，法律制裁不是法律責任的唯一反應結果。

（二）補償功能

法律責任的補償功能是指國家強制責任主體賠付損失，救濟受害主體，恢復受侵害的權利。補償功能主要旨在產生恢復損害發生之前原狀的效果，側重事實上的賠償、

補償、補救和救濟，而較少地進行道德評價。補償功能的實現可分為兩種：一是直接補償，即責任人直接的作為或者不作為以達到恢復原來狀態的目的。如合同違約方主動繼續履約的行為、侵害相鄰權的責任主體主動拆除建築物、物質損害通過金錢賠付得到完全的救濟等。直接補償往往是用於涉及財產權利和一些純粹經濟利益場合。二是間接補償。這種方式主要用於人身權方面的補償。如果責任主體行為造成的是名譽、榮譽、人格、身分等方面的侵害的，通常只能採取給付金錢的方式進行間接補償損失。這種補償方式實質上無法完全實現對損失的補償，主要是通過這種補償最大限度地實現對受害主體的精神和心靈的撫慰。

(三) 預防功能

法律責任的預防功能是指法律責任通過強制責任人補償其所造成的損害，對責任人進行嚴格的制裁等一系列不利後果承擔，教育、引導、威懾責任人及社會上的其他人理性地選擇行為。人類的行為大部分是後天習得的。個體行為在一個層次上是對個體行為的習得結果，在另外一個層次上是對別人行為的習得的結果。法律責任主體自身承擔法律責任的經驗，會為日後行為選擇方向。社會其他人可以通過目睹責任人承擔法律責任過程所獲得的間接經驗，形成行為選擇的價值傾向。

六、法律責任的歸結、承擔和免除

(一) 法律責任的歸結

法律責任的歸結也稱為法律責任的歸責，是指國家機關或者經授權的國家機關依照法定的程序，進行判斷、認定、追究或減緩、免除法律責任的活動。與其他歸責活動的不同在於其有專門的國家機關進行。

法律責任的歸責原則主要有：

1. 責任法定

責任法定是指法律歸責的過程必須依法進行。主要體現為：①歸責主體必須是依法享有歸責權力的或依法授權獲得歸責權力的主體，一般民事責任和刑事責任的歸責主體是人民法院。行政責任的歸責主體首先是行政機關，但中級歸責主體也是人民法院。企業事業組織、仲裁機構等通過依法接受國家機關的授權或委託，也可能成為歸責主體。②責任主體應承擔的法律責任的種類、性質、期限、承擔方式等必須以預先生效的法律規範為依據。這一方面可以確保法律的實施，使「紙面上的法」能夠順利轉化成「行動中的法」，維護法律的權威；另一方面，這可以有效防止責任擅斷，貫徹諸如「法無明文規定不為罪」等法律原則，增進法律的確定性。另外，責任法定原則也最大限度地防止歸責主體作「有害追溯」，堅持「法不溯及既往」原則和責任自負原則。既「不用今天的法律規範昨天的行為」，也不任意地擴大歸責的範圍，杜絕歸責上的株連。③歸責主體的歸責過程必須嚴格遵守程序法。一般來說，沒有程序法的正確適用是不可能有實體法的正確適用的，因此只有歸責過程是依程序法進行的，法律責任的歸結才滿足正當性的要求，法律責任的功能才能實現。

2. 公平原則

公平、正義都是法的重要價值類型，責任法定、依法歸責就是法的公正性的體現。但法律尤其是成文法具有局限性，在法律無法提供準確的歸責依據時，歸責主體必須本著符合基本社會公正、法律公正的原則和精神進行歸責。具體表現為：①同等情況同等對待。歸責主體在裁判過程中，必須保持遵循「先例」的一貫性，即在同樣或近似的案件中，歸責主體的裁量也必須大體相當，貫徹正義原則。②歸責要堅持「罰責相適應」。對責任主體的懲罰和其所造成的損害、主體的主觀惡性、主體違法犯罪性質等應保持大致相當。如果做不到「罰當其責」，非但不能實現法律責任的功能，而且可能造成更大意義上的不公平，損害法的正當性。③歸責過程中歸責主體要堅持法律面前人人平等原則，任何主體的違法犯罪都應受到同等的追究，但要注意恰當地區別對待，在特定情況下，只有區別對待才能達到真正的平等。

3. 效益原則

以較小的投入產出同樣的成果或以同等的投入實現較多的產出即效益。歸責的效應原則是指針對不同的違法或犯罪，確定怎樣的法律責任要始終用效力去衡量。例如經濟犯罪的刑事責任一般都判「沒收財產」，目的是削弱或剝奪繼續犯罪的實力，從而實現法律責任的功能。

(二) 法律責任的承擔及競合

所謂法律責任的承擔，是指責任主體依法承受不利的法律後果。法律責任歸責是以法律責任的承擔為目標和邏輯後果的。法律責任的承擔方式通常包括主動承擔和被動承擔兩類。

所謂法律責任的競合，是指由於某種法律事實的出現，導致兩種或兩種以上的法律責任產生，而這些責任之間相互衝突的現象。同一行為同時符合不同法律責任的構成要件，從而導致了不同法律責任間的衝突。法律責任競合的特點為：①數個法律責任的主體為同一法律主體；②責任主體實施了一個行為；③該行為符合兩個或兩個以上的法律責任構成要件；④數個法律責任之間相互衝突。

法律責任競合是法律上競合的一種，它既可以發生在同一法律部門內部，也可發生在不同的法律部門之間。

(三) 法律責任的免除

法律責任的免除又稱「免責」，是指根據法律本應該承擔法律責任，但基於某種法定的主客觀情況，可以不必再承擔法律責任。

設定法律責任的免除，展現了法律責任追究的複雜情形。恰當的法律責任免除是法律的正當性要求。要注意區分法律責任的免除不是指「無責任」，而是有責任，但該行為仍是法律所反對的或不讚成的。

常見的法律責任的免除情形包括：時效免責、不訴免責、協議免責、辯訴交易免責、自首和立功免責以及因履行不能而免責等。

第六章　權利、義務和權力

第一節　權利與義務概述

一、權利與義務的概念

權利和義務是法律中最核心的概念，法律調整社會關係就是依靠對人的權力義務的配置，通過行為人行使權利、履行義務，來達到法律期待的秩序。法律規範的制定是講權利與義務在各個社會關係領域進行分配，法律規範的實現是行為人按照法律的規定行使權利、履行義務，就連違法行為也是行為人由於不按照法律規定的權利、義務進行活動。應該說權利和義務貫穿了法律運行的整個過程。

因此，權利和義務是法學上的基本範疇之一，是構建法律的重要內容。法律權利是法律關係中的主體以相對自由的作為或不作為的方式獲得利益的一種手段，法律義務是指法律關係中的主體以相對被動的作為或不作為的方式保障權利主體獲得利益的一種約束手段。法律義務和法律權利共同構成法律的基本內容，兩者相對應而存在，沒有法律義務的履行也談不上法律權利的實現。從法律權利和法律義務的概念中，可以看出兩者都是由法律明文規定或從法律規範的精神中推定出來的，具有合法性。在沒有得到法律或法律機關承認前，任何權利主張僅僅只是一種主觀要求，不具有客觀的法律效力，義務人可以拒絕履行。因此，權利和義務具有法定性。但是從主體行使的角度上來看，權利具有自主性，權利主體可在法定範圍內依據自己的意志來決定是否實施行為以及實施何種行為；而義務具有強制性，義務主體在法定或約定範圍內則不能自行放棄義務和拒不履行義務。

二、權利的特徵

權利的特徵，主要有以下幾個方面：

（1）我們所探討的法律權利，都是法律所規定的，由國家強制力做後盾，在受到侵害的時候能夠得到法律的救濟，法律會對侵害權利的行為做出負面評價，權利人可以得到救濟。法律規定的權利能夠確保得到實現，這才能成為有現實意義的權利。雖然經常講到「天賦人權」，但實際上，沒有法律的保護，不能得到救濟的權利，只是一種主觀上的要求，是沒辦法實現的。

（2）權利有一定界限。權利和自由一樣，不是無邊無盡的，法律規定的權利本身也是有界限的，不能濫用。權利只有合法地行使才能得到法律的保護，超出界限地行

使權利，是不受法律保護的，如果給社會、他人帶來危害，甚至需要承擔法律責任。

（3）權利行使的目的，本質上還是為了獲得利益。從這個方面說，權利就是法律所保護的利益，這種利益不一定總是為了本人的利益，也可能是國家、社會或其他人的利益。

（4）權利和義務是不可分離的。權利的順利行使需要義務人履行義務，沒有義務就沒有權利。反之也是如此。

三、義務的特徵

義務的特徵主要包括以下幾個方面：

（1）義務是由法律規範所決定的。義務是給行為人苟以負擔，這種負擔不是隨便便地就加到義務人身上的，它產生的依據可能是法律的直接規定，也可能是當事人根據法律的規定所做出的合法約定。總之，義務是由法律規定直接或者間接決定的。

（2）義務的履行具有強制性。和某些當事人可以選擇行使或者不行使的權利不一樣，義務是不能由當事人自由選擇是否履行的。法律主體一旦負擔起一定的法律義務，那麼就必須以法定的方式履行。法律義務的履行是由國家強制力所保障的，如果當事人不依法履行法律義務，那麼就會得到法律的負面評價，承擔不利的法律後果，即法律責任。

（3）義務的設定是為了保障權利的實施，這是設定和履行義務的目的。

四、權利和義務的分類

以下介紹幾種常見的分類，以助於更好地理解權利和義務的含義。

（一）依據存在形態的不同

依據權利和義務存在的狀態不同，可以將其分為應有權利和義務、習慣權利和義務、法定權利和義務、現實權利和義務。

根據「天賦人權」的觀點，權利是基於一定社會情況為主體所應當享有的，其具有天然的正當性。廣義上應有權利包括了一切法律規定和未規定的正當的權利，狹義上應有權利僅指人們應當享有卻還沒有被法律所規定的權利，通常也稱為「道德權利」。以此類推，廣義上的應有義務是一切被法律規定和未被法律規定但具有其正當性應該承擔的義務。狹義上的應有義務就是未被法律所規定，但依據社會關係的特點和法律精神能推斷出應該承擔的義務，如道德義務。

習慣權利是指人們經過長期的社會生活形成的或者是傳承下來的，又或者是約定俗成的，存在於人們的意識和社會習慣中的一種群體性、重複性自由活動的權利。習慣義務是人們在長期的社會生活過程中形成的或是由先前社會傳承下來的，一種表現為習以為然的、經常性的、必要性的義務，例如進貢。習慣權利和義務是法律所沒有規定的，因此也不能得到法律上的保障和救濟，一般來說，只能由社會道德等來進行約束。

法定權利是由法律明文規定的或經由立法綱領、法律原則加以公布的，以規範和

觀念形態存在的、國家強制力保障享有，能夠獲得法律上救濟的權利。法定義務是法律明文規定、由國家強制保證其履行的義務。法定權利不僅限於法律明文規定，也包括了法律精神、法律原則中蘊含的可以推導出來的權利。而法定義務一般只能限於法律明文規定，不能無故給當事人施加額外的義務。

　　現實權利和義務，就是主體在現實生活中實際上享有的權利和履行的義務，它是法定權利和義務的現實化。主體通過自己的行為，行使法律上規定的權利和履行法律上規定的義務，從而使權利和義務有了現實性，而並不是紙面上的東西。

（二）根據依據的法律地位的不同

　　根據權利和義務所依據的法律的地位的不同，是依據憲法還是依據普通法，可以將其分為基本權利和義務和一般的權利和義務。

　　基本權利和義務是指由憲法所規定的，對於人們在社會生活各個領域中的根本權利和義務，這些權利和義務是公民生存、發展所不可或缺的，被社會公認的、不可剝奪轉讓的。中國憲法第二章確認的公民的基本權利和義務就屬於此類。

　　一般權利和義務是指由除憲法以外的一般法律規定的、在人們社會生活中享有的具體的權利和義務。它不像基本權利和義務那樣重要，但是對於人們的生產生活也是必不可少的。

（三）根據主體範圍的不同

　　根據權利和義務所對應的主體範圍，可以將權利和義務分為對世權利和義務與對人權利和義務。

　　對世權利和對世義務就是指的絕對權利和義務，是指其針對的是不特定的對象。具體來說，對世權利就是指沒有特定的義務人，權利人的權利具有排他性，其義務是其他所有不特定的人都對權利人承擔不侵害其權利的不作為義務，比如財產權、人身權就是對世權利。對世義務是指義務主體對不特定的所有人的義務，義務沒有指向特定的權利人，比如任何人和組織不經法定程序不得剝奪其他公民的人身自由。

　　對人權利和對人義務是指相對權利和義務，是權利和義務的對象都是特定的法律主體。對人權利是指權利主體有特定的義務人與之相對，可以要求特定的義務人履行義務來實現自己的權利。對人義務是指義務主體履行對特定對象的義務，使其能夠實現一定的利益。對人權利和義務常見於債權關係，這些法律關係中權利和義務主體和對象都是特定的。

（四）根據權利和義務的因果關係不同

　　根據權利和權利、義務和義務之間的因果關係，可以將權利和義務分為第一性權利和義務與第二性權利和義務。

　　第一性權利又稱為「原權利」，是指法律直接規定的或者由法律所授權當事人之間約定的權利，比如財產所有權和合同約定的雙方的權利。第一性義務與第一性權利相對，是法律所規定的，為了保障權利人享有權利而一定行為或者不為一定行為。

　　第二性權利又叫作「救濟權」，是指原有的權利受到侵害以後產生的權利，最典型

的第二性權利就是程序法中的訴權。第二性義務是行為人在違反了第一性義務之後產生的，法律規定其應當為違法行為等承擔的法律責任，比如侵權責任。

(五) 根據主體實現意志和利益方式的不同

根據權利主體依法行使其意志和利益的方式，可以將權利和義務劃分為行動權利和消極義務與接受權利和積極義務。

行動權利使得主體有資格做某事或以某種方式採取行動，接受權利使得主體有資格接收某事物或以某種方式被對待。選舉權和被選舉權是典型的行動權利和接受權利。與行動權和接受權相對應的是消極義務和積極義務。當權利主體有資格做某事或以某種方式做某事時，義務主體就相應地處於避免做任何可能侵犯權利主體行動自由的行為和消極狀態，即不得干預、組織或威脅權利主體；當權利主體有接受權時，義務主體處於給付某物或做出某種相應的積極行動狀態。

第二節　權利與義務的關係及意義

一、權利和義務的關係

權利和義務的關係是理解權利和義務很重要的內容，在去權利和義務的關係問題上，現在法學界比較主流的觀點是，權利和義務在總體上是對立統一的關係，總體上來說權利和義務是等量的，功能上是互補的，價值上也是一致的。

(一) 權利和義務在結構上的對立統一性

權利和義務是對立統一的，它們互為前提而存在，相互之間是獨立排斥的，在一定條件下可以相互轉換。

權利的存在以義務的存在為前提，反之亦然。社會設定一個權利，必須相應地設定一個義務；反之，設定一個義務，必定會存在一個相應的權利。如設定了受教育權，那麼針對實現這個權利，就會給社會、父母和其他人都設定了相應的義務，否則這個權利就形同虛設。再比如給子女設定了贍養父母的義務，那麼父母也就相應得到了被贍養的權利。在一定條件下，某一行為既是權利也是義務，如行政機關依法行使職權。此外，在一定條件下，權利和義務還能夠相互轉化，即權利人承擔義務，義務人也可享受權利，在法律關係中的同一人既是權利主體也是義務主體。例如父母與子女之間的扶養、教育與贍養、扶助的法律關係。因此沒有無義務的權利，也沒有無權利的義務。權利和義務一方不在了，另一方也不能存在。權利和義務也是互相排斥獨立的，權利和義務是不同的事物，權利是為了主體實現利益而設置的，可以主動要求，也可以選擇放棄。義務是為了滿足權利主體的利益而設置的，是法律強制設定給義務主體的，義務人不能隨便放棄，必須按照法定的方式履行。

(二) 權利和義務在功能上的互補性

在現實中，權利的實現會受到義務的制約，而義務的履行也會受到權利的限制。

權利的行使以合法、守法為前提，而合法、守法在一定程度上就是一種義務，權利主體在行使權利的時候如果超越了合法的界限，其權利就不再受到保護，甚至會引起法律上的責任，義務人也不必按此要求履行。權利和義務在功能上互補性，有利於實現更好的法律秩序。

(三) 權利和義務在總量上的守恒性

一般來說，無論是一個人既享有權利又需要履行義務，還是一部分人享有權利，另一部分人為此履行義務，權利和義務在總量上大致應該是平等的，這也是社會公平正義的要求，權利大於義務或者義務大於權利，都是社會的不公平。

(四) 權利和義務在價值上的一致性

權利和義務的設置，都是為了實現法律價值。

二、權利和義務的意義

法律是調節人們行為和社會關係的規範，這種調節和規範是通過規定人們的權利和義務這種方式來加以實現的，因此，所有法律現象、一切法律部門、法律適用的各個環節以及法律運行的全過程都貫穿了權利和義務。

原始社會末期，人類社會出現了剩餘產品、勞動分工和產品交換，隨之也出現了「你的」「我的」「他的」之類區分佔有、明確所有權的概念，這些最初的權利意識預示著法律的產生，也包含了法律進化、發展的一切矛盾。可以這樣理解，法學史就是分析、考察、研究、論證權利和義務的淵源、建構、限度、關係等各種問題的歷史；法律制度史本質上就是權利和義務的矛盾、演變的歷史。

權利和義務是法律規範、法律關係以及法律責任等法律現象的主要構成要素。法律規範是由假定條件、行為模式和法律後果所構成的，一方面，行為規範賦予了人們權利，告訴人們什麼樣的注重和行為在法律上是正當合法的，並通過肯定性的法律後果對這種主張和行為予以確認和保護；另一方面，行為規範會為人們設定某些義務，指示人們應當為或不應當為一定行為，如果人們不遵守這些義務，那麼法律就施以否定性的法律後果，以保障行為模式所規定的義務得以實現。人們行使權利、履行義務所形成的社會關係就是法律關係，法律關係不同於一般社會關係的關鍵之處就在這種關係是以法律的規定為依據而形成的。人們如果依據法律規範所規定的權利和義務行為就不會存在法律責任問題，但當人們不遵守權利和義務的要求行為時就會產生法律責任，也就是所說的法律責任是由於行為人違反了法律規範所規定的第一性義務而產生的第二性義務。可以說法律責任的主要目的就是保障權利的正當行使和義務的適當履行。

法律部門是由依據一定的標準對一國先行同類法律規範進行的分類。各個部門法都是由法律規範構成的，而權利和義務是法律規範的本質內容，因此權利和義務貫穿於一國法律的所有部門。作為一國根本大法的憲法，它主要規定的是國家的政治制度、經濟制度、法律制度以及文化教育制度，這些基本制度實際上是對不同的階級、階層、集團、民族等社會力量在國家生活中的權利和義務的規定，並對公民的基本權利和義

務進行了規定。行政法是以憲法為基礎，規定國家行政機關及其工作人員在行使國家行政管理權時的權利範圍和職責，並確定行政機關與社會公民、法人等行政相對人在相互關係中各自的權利和義務。民法是調整平等主體之間的人身關係和財產關係的法律規範，主要規定的是平等主體之間關於人身、財產的權利和義務。刑法是對嚴重危害法律所保護的社會關係的個人或單位施以刑罰，以保障人們的法定權利。訴訟法是調整訴訟過程中國家審判機關、檢察機關、訴訟當事人、訴訟參與人之間的權利和義務關係。國際法是通過國際條例、國際慣例等方式規定國與國、政府與政府之間在國際關係活動中的權利和義務。總之，不同的法律部門都是以權利和義務為自己的主要構成，並以不同的方式對社會關係進行調整。

法律運行的所有環節都是圍繞權利和義務展開的。立法從一定程度上就是對權利和義務在社會範圍內進行的分配，它通過法律規範這種制度化的形式確定了人們的權利和義務；法律的遵守就是公民、法人、社會組織依據法律的規定行使權利、履行義務；法律是行政機關及其工作人員在管理社會的活動中具體落實法律所規定的權利和義務的過程；司法是國家司法機關通過各種訴訟程序，恢復被破壞的當事人之間的權利和義務關係；法律監督是國家法律監督機關對國家機關工作人員、社會組織、法人和公民行使權利、履行義務情況的監督，並對違反法律規定的行為進行追究。

一國法律制度在不同程度上反應了這個社會的主流價值觀，權利和義務作為法律關係的重要內容也體現了這種價值。國家通過規定權利和義務，保障權利和義務的實現來體現其價值取向。現代社會的法賦予人們越來越多的權利，給予人們政治、經濟、文化教育等方面越來越充分的選擇機會和行動自由，人們在行使權利、履行義務的同時也不斷實現了自我的價值，促進了社會的發展。

綜上所述，權利和義務在整個法學以及法治實踐中都具有十分重要的地位，因此，法學也常被稱為權利和義務之學，某種程度上它的整個體系是建立在權利和義務這一對範疇之上的。

第三節　權力概述

一、權力的概念和特點

權力是一個重要的概念，相比於社會學和政治學，在早期，法學對權力的研究並不多。西方的法學以私法為產生的基礎，而最早的羅馬法的核心內容就是對權利和義務合理分配的規定，權利和義務一直是法學的基本範疇。那麼相比之下，直到近代的權力分立和制約思想的影響，西方法學才開始對權力關注得較多。上世紀初，隨著政府職能不斷擴張而產生的行政法發展起來後，權力，尤其是對權力的合理控製問題在法學中受到重視，並得到了較為深入的研究。

社會學和政治學上有關權力的定義主要有三類：第一，權力是系統中的一個單位在其他單位的對立面上實現其目的的能力；第二，權力是一個人或一些人在某一社

行動中甚至不顧其他參與這種行為的人的抵抗的情況下實現自己意志的可能性；第三，權力是一個人或許多人的行為使另一個人或其他許多人的行為發生改變的一種關係。

法學界對於權力也有許多定義。布萊克法律辭典對權力的定義為：第一，權力是做某事的權利、職權、能力或權能，權力是授權人自己合法做某行為的能力；第三，狹義的權力是只為了自己利益或他人利益處理動產、不動產或者賦予某人處理他人利益的自由或職權。與社會學和政治學相比，法學更把權力限定在合法的範圍之內。對於權力的定義，我們可以這樣表述：權力是法律賦予的合法處理他人財產或人身的利益關係的職權。

那麼權力一般具有以下幾個特徵：

1. 合法性

權力具有合法性是權力存在的前提，權力所具有的社會影響力並不是來源於赤裸裸的暴力，而是來自其本身的合法性。這一合法性有兩方面的含義：首先，權力在實體的內容上必須由法律進行規定；其次，權力的形式也必須遵守相關法律規定的程序。權力的合法性在現代法治社會具有重要意義，任何能對社會生活、人際關係產生影響的權力都必須有自己的界限，其行使必須受到嚴格的控製，尤其是受法律這樣一種制度化的形式的控製，以防止權力行使者對社會生活和人際關係的任意破壞。

2. 社會公益性

權力行使的目的是為了實現一定的社會公益，因此，權力具有一定的公益性。權力的行使不是為了權力行使者的一己私利，而是為了社會公益。現代的法治社會要求權力的行使必須要是以社會公益出發，權力的行使的結果應該和權力行使主體的利益相分離，不應該具有利害關係。為了達到這一目標，比如司法上的迴避制度之類的，都是為了避免「既是裁判員又是運動員」。

3. 合法侵犯和處分公共產品性

根據社會契約論等的觀點，人們在進入社會成立國家的時候，就讓渡了自己的一些社會權利，交給集體組織來行使。組織行使的就是公權力，這種公權力就包括能夠對社會中的人、社會公共產品進行處分。這個公共組織這時候要對社會的發展進行管理，就需要對社會權利進行一種「合法的侵犯」，並擁有一種能有效地對公共產品進行處分的能力和資格。並且在面對這種公權力的時候，公民就不能以讓渡出來的權利作為抗辯的事由。但是實際上，權力在行使的過程中非常容易被濫用，權力行使者超越了權力界限違法行使的時候，公民也有針對這樣的違法行為在法律上的救濟權。

4. 不可放棄性

權力行使的目的在於公共利益，因此權力具有不可放棄性。放棄權力會導致社會公共利益的損害，也會影響社會的正常秩序，也會傷害社會中的每個公民的利益。因此權力和權利的可選擇性不一樣，這是一種「應為」的行為。

由此，權力的「合法侵害性」和處分公共產品的功能，導致權力人很容易濫用權力。現代法治中對於權力的控製，將權力限制在法律的軌道之下行使，是一大要義。

二、權力的分類

根據不同的標準，可以將權力分為不同的類別：

(一) 根據性質的不同

根據性質的不同，可以將權力分為國家權力、社會權力和超國家權力。

國家權力是政治國家享有的權力，是現代社會中權力最主要的形式。通常根據權力的作用不同，分為司法權、行政權和立法權，法治中所說的「三權分立」就是指這三種權力。立法權是由國家權力機關所掌握，行政機關掌握行政權，司法機關掌握司法權，三大權力機關之間在行使權力的過程中相互制約和監督，起到以權力制約權力的目的，從而讓權力在合法的範圍內有效行使，達到設置它們的目的。在聯邦制的國家裡，國家權力還可以分為中央權力和地方權力。

社會權力是社會所保留的權力。並不是所有的社會公共權力都交給了國家，有一部分由社會行使，比如各種社會公益組織的權力等。

由於國際交往的增加，在國家權力之上產生了一種超國家權力。這種權力主要是由國際組織享有，比如聯合國的權力。但應該注意，這種權力實際上是各個締約國自願遵守才能發揮其作用，在實際生活中，很多時候國際上的衝突等這種權力卻並沒有能夠有效地干預發揮作用。

(二) 根據內容的不同

根據權力的內容不同，可以將其分為對人權力、對物權力和對精神的權力。對人的權力一般指處分人身和自由的權力，對物的權力是指支配物質財富的權力，對精神的權利是傳播精神產品的權力。

(三) 根據權力是否能給人帶來利益

根據權力是否能給相對人帶來利益，將其分為服務性權力、侵犯性權力和中立性權力。能夠給相對人到來利益的權力是服務性權力，比如行政機關提供的公共服務，義務教育等。給相對人帶來不利後果的就是侵犯性權力。還有一些權力是用於做出決斷、確認權利和義務關係的，它不改變相對人的利益關係，這種權力就是一種中立性的權力，最典型的中立性權力就是司法權。

三、權力和權利的關係

按照社會契約論的觀點，權力的來源是因為人們在進入社會生活成立國家的時候，自願讓渡出一些私人權利，交給國家組織來行使，以保障每個人的生活和社會秩序的穩定，這樣國家組織所行使的這些私人讓渡出來的權利就是權力。

權利和權力的區別有很多，以下說一下它們的主要不同：

(1) 在使用的主體上，公民個人行使的一般是權利，公共管理機關行使的一般是權力。

(2) 在性質上，權力是公共管理機關管理社會的一種強力，並且以公共利益為目

的，因此具有公益性；權利是社會成員所享有的一種法律上的利益，不具有公益性。

（3）在行使上，權力行使的目的是為了社會公共利益，具有不可放棄性，不能由權力行使者自由選擇是否行使，具有「應為性」；權利的行使是對社會主體自身利益的保護，可以依照法律選擇放棄行使。

（4）在影響上，權力行使一般可以直接支配其對象，在多數情況下直接或者間接地伴隨國家強制力；而權利主體只有在義務主體不履行義務的情況下才能訴諸公權力的保護，一般來說不允許私力救濟。

四、權力和職責的法律意義

權力可以根據不同的標準進行不同的劃分，但在現實生活中，與法律關係最密切的應該是國家權力，國家權力是政治國家對社會進行管理過程中所享有的強力。國家公共組織對社會的管理職能主要由政府來行使，在歷史上，政府管理社會的這一權力也經歷了不同的發展時期。在自由資本主義時期，市場的自由競爭占據主導地位，此時要求政府充當「守夜人」的角色，不需要政府的過多干預，而是放權給市場，由市場對社會生活進行調節。到了壟斷資本主義時期，隨著科學的發展，政府僅僅充當「守夜人」的角色已經不能滿足社會生活發展的需要了，這時候政府不再是消極的角色，而是更加積極地行使權力。進入20世紀以後，政府有了更多的公共服務管理職能，社會需要政府對於公共領域提供更多的服務和管理職能，國家權力，特別是行政權力，就在不斷地擴大之中。

由於國家權力天生具有擴張性和「侵略性」，對於國家權力的控制也是法治的核心要義之一。如何讓國家權力能夠在法律的軌道上正常行使，而避免出現違法侵犯公民人身財產的行為，是法律要解決的重要問題。

一般來說，當代的法律對權力的控制主要體現在兩個方面：一是在內容上，對國家機關能夠行使的權力內容都做了詳細的規定，這就是通常所說的「權力清單」。只有法律明確授予的權力，國家機關才能行使，而法律沒有授權的範圍，國家機關就不能插手，即「法無明文規定即禁止」。二是在程序上，強調國家權力必須按照法定的方式行使。這是從程序上對國家權力的控制，一般來說如果權力能夠保證以合法的程序行使，是不會出現權力濫用的情況，程序本身就賦予了這個權力行使的正當性。現代社會是一個信息爆炸的社會，每時每刻都有無數信息產生，作為社會主體的個人由於精力有限，不可能有效地掌握各種信息。而作為社會管理者的政府，對信息的把握遠勝於個人，所以在權力的行使過程中，行政主體和行政相對人之間就存在一個信息不對稱的問題，這就使得行政權力所指向的相對一方處於劣勢地位，從而要百分之百保證實體公正幾乎是一件不可能的事。為了減少由於信息不對稱等原因給實體公平的實現帶來的負面影響，程序的公正就成為一種必需。程序公正通過賦予程序參與者以平等的程序地位，平等的程序資源這種方式，使行使權力的結果以一種看得見的公平形式做出。

職責這一概念在現代社會也同行政權力密切相關。行政權力作為現代社會中最重要的一種權力，一般也稱為行政職能，其管理社會的職能也要以社會公益為目的，使

得這種權力具有不可放棄性。因此，在另一種意義上來說，行政權力也就是一種行政職責。行政機關不僅有管理社會的權力，這也是行政機關所應當履行的管理社會的職責。權力不能超出法律規定的範圍之外行使，權力不能違背法律程序行使，否則就要承擔相應的法律責任，這是職責的另一種含義。

權力和職責是依法行政的重要構成要素，兩者都為法律所規定，是現代法治的重要標誌。

第七章 法系

第一節 法系概述

一、法系釋義

法系是在比較法學中興起的一個詞語。一般我們認為法系是指具有共同外部特徵的若干國家和地區的法律制度的總稱，有些也認為可能也具有相同的歷史傳統。

世界上的所有國家、地區都有自己的法律文化，其內部實行了一套自己獨有的法律制度和法律體系。但是在比較法學家通過比較借鑑之後，發現其中在法律淵源、立法技術等方面都有很多相似之處。因此比較法學將相似的歸為一類，研究他們相近的歷史法律傳統、法律淵源等。

二、法系的分類

法律文明是人類進入階級社會後共有的社會現象，不同國家或民族的法律文明都有共性。但是每個國家或民族的法律文明又因為其歷史、地理、經濟、文化等會有自己的特點。

雖然法律文明多種多樣，但是一般來說，在研究的時候，我們都可以將其分為東方法律文明和西方法律文明兩種類型。因為東西方巨大的文化、地理、經濟差異，在法律文明上也表現出了明顯截然不同的風格。一般認為，東方法律文明的通常形態是宗教主義法和倫理主義法，法與道德的聯繫非常緊密，甚至並沒有其相對獨立性，在社會生活中難以產生至高無上的權威。西方的法律文明源自西方文明，緣起於古希臘和古羅馬法律文化，強調法律的正義性，法律本身就有自己的相對獨立性，能通過法律來約束政治權力，法律具有無上的權威性。用中國的法律文化與西方法律文化作對比的話，由靠近海洋這一地理特點導致其生產以海洋捕撈為主要生產方式。在這樣的生產生活方式下，一方面，商品交易出現得很早。為了規制商品交易，使生產生活能更有效地發展下去，需要雙方地位平等交易才能持續長久地進行下去，也需要完善的商業規則來調整交易中出現的各種情況，因此西方的法律文明以私法發達為最明顯的特徵。另一方面，由於海洋所帶來的風險和不確定性，讓古希臘和古羅馬人比起政治權威，自然是更加重要的法則。他們相信在世俗法律之上還存在著自然法，這樣的法則是每個人都必須無條件服從的，任何人都不能違背，這也就是法律能超越世俗統治者的權威，成為至高無上的存在的來源，在這樣精神的指導之下，法律可以約束政治

權力。在這兩方面的影響之下，也就誕生了現代西方法律文明的基本精神，人人平等和法律至高無上的權威。比較之下，中國是農業文明的國家，自古以來以農耕生產為主，農耕生產的相對穩定性決定了對於自然沒有那麼強烈的依賴感，而是更加需要將人們固定在土地上穩定地勞作。因此建立了一個以農耕生產為主的政治組織之後，最重要的是用等級制度來確立權威，將人們束縛在農地上。法律是為了與道德相輔助成為統治者約束人們行為的規範，商業交易的規則很少甚至會抑制商業的發展，而是以刑罰為主，限制人們的行為。因此在這樣的歷史傳統下，刑法更加發達，法律更多是統治者用來捍衛統治、懲罰一般人的工具。

經過長期的歷史發展，西方社會形成了各種法律制度，雖然對於這些法律制度的劃分沒有形成完全的認同，但一般來說學者們普遍讚同將其劃分為英美法系（普通法法系）和大陸法系（民法法系）。除了這樣的法系劃分之外，全世界還有伊斯蘭法系、中華法系、社會主義法系等。

第二節　大陸法系

一、大陸法系釋義

大陸法系，也稱羅馬—日耳曼法系、民法法系、法典法系，是指以古羅馬法為基礎、從19世紀初《法國民法典》發展起來的國家和地區法律制度的總稱。

大陸法系是西方兩大法系之一，探討其分佈範圍，首先要明確這一法系是以法國和德國為主的，這兩個國家的法律都是以《古羅馬法》為基礎建立的，它們的法律制度和法律思想對大陸法系的形成產生了重要的影響。當前屬於大陸法系的國家和地區，主要是以法國、德國為代表的歐洲大陸的國家，包括義大利、比利時、西班牙、葡萄牙、瑞士、奧地利等，但是其影響已經擴展到全世界各地。

二、大陸法系的形成和發展

大陸法系的產生以古羅馬法為基礎，其形成經歷了自羅馬法復興至十九世紀的長期發展過程。

大陸法系的起源來自於13世紀歐洲文藝復興運動，復興古羅馬法的時期，古羅馬的法律文明對後世的影響主要體現在其精緻的法律制度方面。羅馬共和國時期制定了《十二銅表法》。東羅馬帝國查士丁尼編纂了《羅馬法大全》，這些都對歐洲後來的法律文化產生了深刻的影響。古羅馬發達的商品經濟，使得其私法一直走在世界前列，也對大陸法系的私法文化產生了無與倫比的影響。

在此之後，漫長的中世紀過程中，它也受到了古羅馬法以外的其他法律的影響，如日耳曼法、習慣法、教會法、商法、封建法以及城市法等。同時，大陸法系的形成與一些歷史事件也是不可分的，如中世紀古羅馬法的復興、18世紀法國革命及理性主義思潮的衝擊、19世紀歐洲大陸的法典編纂，特別是19世紀初《法國民法典》和19

世紀末《德國民法典》的編纂，它們對大陸法系的發展產生了巨大的影響。1804 年的《法國民法典》曾被強加給比利時和盧森堡，並被荷蘭、義大利、西班牙各國借鑑和效仿。《法國民法典》對歐洲以外的廣大地區也有重要的影響。在近東、亞洲、非洲，特別是中南美洲，由於法、西、荷、葡各國的殖民政府和對外擴張，這些地區都接受了《法國民法典》的模式。德國在訴訟法和行政法方面深受法國法律的影響，但其在 19 世紀末制定的民法典與《法國民法典》有很大差別。由於德國是在《法國民法典》制定了幾乎一個世紀之後才出現的，當時許多國家都已經效仿《法國民法典》的模式，再加上《德國民法典》及其「學說匯纂派」的法律思想的特色，以及《德國民法典》中本身所體現出來的高度技術性和複雜性，這些都使這一法典較難取得《法國民法典》那樣的優勢，很難被其他地區借鑑和進行法律移植。但應該注意的是，《德國民法典》對 1916 年《巴西民法典》、1896 年和 1898 年《日本民法典》以及韓國和中國國民黨政府時期的民法典都有影響。

三、大陸法系的特徵

（一）強調私法和公法之間的區分

大陸法系對於法律有公法和私法的劃分，這是羅馬法所首創。一方面，由於其獨特的海洋文明、發達的商品經濟，在私法方面一直發達且受到重視，而公法方面就稍顯其弱。對比限制公權力濫用的公法，其在保護私法權利方面的私法無微不至。另一方面，因為西方的封建制度，「我的領主的領主並非我的領主，我的附庸的附庸也並非我的附庸」這樣涇渭分明的法律地位和權利劃分，使得對於私法權利的保護也是有效的。與此同時，以《聖經》為主要淵源的教會法強調上帝面前人人平等，強調誠實信用，注重交易安全；並在私法的婚姻、家庭、集成方面對後世產生了深刻的影響。文藝復興等的運動，強調以人為本的思想。這些方方面面都是私法上的法律思想和法律制度的不斷完善和加強。

（二）強調理性和哲理的指導作用

對於以羅馬法為基礎建立起來的大陸法系，羅馬法的精神對於其整個法律體系內在影響深遠。羅馬法的精神支柱——理性主義，構成了大陸法系哲學傳統的基本精神。古希臘的理性思想先是通過羅馬法將其私法化，形成一個理性思想的私法體系。中世紀的阿奎那等在形式上將其神學化，但理性的光輝依然在。中世紀後期和近代前期，隨著商品經濟的發展和國家-社會的二元對立，從古希臘和古羅馬傳承下來的理性思想和理性法再度融合，轉換成完整而體系化的古典自然法學說，有機地完善了大陸法系的私法原則並形成公法的基本理論從而樹立起了大陸法系的精神支柱。理性主義的載體就是自然法思想。

（三）法學家在立法中的重要作用

由於秉承著理性主義的思維方式和自然法的影響，法被看作是根據正義觀念而被公認的權利和義務的學說體系。反應在立法上，大陸法系依循一定法律學說的指導通

過立法機關來表達一般的抽象原則，法學家自然在立法中起指導作用。

在法的觀念上，人們認為理性是唯一可靠的認知方法，而和經驗主義相反，通過理性力量，人們可以發現一個理想的法律體系，並以此建立各種規則和原則，將其作為法典的指導。在這裡面法學家起著非常重要的作用，從古羅馬的時代，烏爾比安等法學家就在一定程度上起著立法者的作用，他們的學說甚至可以直接用於司法斷案，具有和皇帝敕令一樣的法律效力。目前的大陸法系的許多基本原則，都是法學家思考的產物，法學家的理論對於整個大陸法系的產生和發展都起著至關重要的作用。

(四) 法律法典化及其獨特的淵源

有無法典的存在並不是區別大陸法系和英美法系的依據，大陸法系的大多數國家固然有法典，但在英美法系國家，很多部門法內也存在著系統化的法典。比如英美法系的代表——美國，也有其著名的商法典。但是作為大陸法系的特點之一，大陸法系的國家更加注重制定系統化的法典，理性主義的精神和傳統，法學家的重要作用，相信理性的判斷，相信立法者的判斷和前瞻，因此更加重視制定一部完善系統的法典來指導法律實踐，從《法國民法典》到《德國民法典》，這些法典都對於法律的發展、社會的變化有著至關重要不可忽略的影響。而相比較之下，英美法系的國家更加注重法官造法，在判例中去尋求司法精神的司法審判的依據。

第三節　英美法系

一、英美法系釋義

英美法系，又叫作普通法系、海洋法系，是以英國中世紀的法律，特別是普通法為基礎產生和發展起來的，以英國法和美國法為代表，以及在英美法律傳統的影響下所形成的具有共同外部特徵的各個國家和地區的法律制度的總稱。

英美法系以英國法為基礎，隨著英國的殖民擴張而在英國國外傳播。如今，英美法系的分佈範圍大體上包括英國本土（蘇格蘭除外）、愛爾蘭以及曾作為英國殖民地、附屬國的許多國家和地區，其中包括北美的加拿大（魁北克省除外）、美國（路易斯安那州除外），大洋洲的澳大利亞、新西蘭，亞洲的印度、巴基斯坦等。

二、英美法系的產生和發展

普通法發軔於英格蘭，由擁有高級裁判權的王室法院依據古老的地方性習慣或是理性、自然公正、常理、公共政策等原則，通過「遵循先例」的私法原則，在不同時期的判例的基礎上發展起來。普通法的裁判依據是法官通過在各個時期的判例中尋找司法的原則和精神，作為案件的裁判依據，在確立判例、由於時代的發展而不斷地有新判例的情況下發展起來的。法官裁判並不是完全依照之前的判例進行一模一樣地裁判，而是在判例中去尋找司法規則和原則，繼承該判例所體現的司法精神，根據這一規則、原則和精神來做出具體裁判。

普通法的形成，最開始是訴訟只向地方性的司法機關提出，國王只在一些特殊的場合才能行使「最高審判權」。到了後來中央擁有了普遍性的司法管轄權，這時並沒有統一的法典，法官的辦案依據是國王的詔書和敕令，以及各地法律習慣中合理、公正的部分。法官們經常在一起討論交流辦案經驗，並且將一些共同認可的規則等作為辦案依據的判例逐漸加以統一，這些判例就成了普遍適用全國的法律——普通法。

但是英美法系的體系中，不止包括判例法。在14世紀的時候，這種嚴格按照形式主義運作的普通法，由於受到過於形式主義的訴訟程序的限制，法院的創造力逐漸衰弱，普通法不能為社會中的大量案件提供救濟。敗訴方在不能被公正的判決救濟的時候，就會想到向國王求助，於是在這種情況下，大法官對於必要的申訴會轉告國王，國王會在樞密院進行處理。後來大法官獨立於王室法院以外，以國王和樞密院的名義獨立判決，這種考慮個案中的公平公正的判決處理方式，就是衡平法。在經過各種鬥爭和妥協之後，最終形成了同一法院可以同時使用普通法和衡平法，普通法和衡平法一起構成了英國法律的重要淵源。

三、英美法系的特徵

（一）判例法為主的獨特法源

對於英美法系國家，判決不僅有對於該具體案件定分止爭的功能，一部分判決可以變成判例，對今後法官在相同或相似案例的裁判上具有拘束力，成為今後法官裁判的依據。這種不同於大陸法系以成文法為主要淵源，英美法系中判例成為司法的主要淵源。

與大陸法系的理性主義為精神指導不一樣，英美法系以經驗主義為指導，注重對於實踐和經驗的分析，注重前人和權威的經驗。這種思想指導下的司法，直接體現為遵循先例。同樣或類似的情況進行同樣或類似的對待，這樣可以更有效地保障當事人的合法權利不受侵犯。當事人可以通過搜尋先例的方式，在相同或類似的案例中確保能得到相同或類似的待遇，減少法官個人的恣意和偏見。當然，並不是所有案件的裁判都能夠成為判例，只有確立了清楚的規則、原則並得到公認的權威的判決才能成為具有拘束力的判例，一旦判決成為判例，就很難被推翻，對於法官裁判都具有拘束力。只有隨著時代的發展，有更加符合社會變化的新規則的判例可能會將其推翻。

（二）法官的重要作用

和大陸法系由法學家等通過理性思考指引立法、創新社會制度和通過社會革命完成變革的模式不同，英美法系的許多制度創新和社會變革都是來自司法而不是立法，法官在這個過程中扮演了更為重要的角色。

英美法系國家的法官，一般既具有紮實的理論功底，又具有豐富的社會司法實踐經驗，由於判例法為主要的法律淵源，法官的地位非常高。一方面，通過遵循先例，法律具有一致性和穩定性；另一方面，法官也會在具體案件中，除了遵循先例中體現的法律原則，也會結合社會時代的具體情況，根據法律精神而對法律原則做出與時俱進的解釋，豐富和完善原有的法律原則，在沒有先例的情況下通過判決創造先例，使

得法律也具有連貫性，並且法官也有自己發揮創造的機會。在這樣的情況下，制度創新上，比如信託制度、侵權行為歸責原則的變遷等都是通過法官的具體判例逐漸確立和完善的。

(三) 法律的實務性和經驗主義的基礎

由於判例法本身就是經驗實踐的產物，是在司法實務中逐漸發展起來的。其缺乏對於法形而上學的分析，更多的是法律的經驗性的運用。霍姆斯的名言「法論的生命不在於邏輯而在於經驗」就是針對這種經驗主義的基礎。在這種經驗主義的浸潤之下，英美法的顯著特徵就是務實性，更加強調和重視法律的實踐運用，法律的知識不是事先從理性的設計出發，而是對於以往的經驗和習慣的總結和分析。在法律人的培養方面，根據這個思維，也不是通過系統的學科知識進行書面學習，而是採用在具體案例探討磨煉中經驗不斷地累積。

(四) 強調程序，實行對抗制的訴訟模式

英美法系的重程序體現在其整個法律體系是圍繞著司法救濟而設計和運行的，這一點和大陸法系以立法為中心的法律體系模式有很大的不同。

在這一體系的運行下，首先表現為注重通過司法進行權利的救濟，法律事先不是進行權利和義務的分配，而是對於打破雙方平衡時如何救濟權利、修復秩序、填補損失。與大陸法系一開始就已經規定好行為人的行為模式不同，英美法系是事先將行為交給當事人自己權衡，在雙方平衡被打破要求法律進行干預的時候，司法才出面予以裁判和救濟。因此整套法律體系中，大陸法系是按照整個行為前、中、後這個邏輯結構來設計，而英美法系則是把重點都放在了雙方對於司法程序的要求上，如何設計一套有效而公平的救濟程序成了法律體系的中心。又正是在這一思想的指導之下，法律更加注重的是對於雙方行為的中立裁判，雙方如何在法庭上力量均等地博弈，對抗制訴訟就是由此出現的。比之大陸法系偏向於「糾問制訴訟」的色彩，英美法系的對抗制訴訟的特點是讓當事人雙方能夠力量均衡地辯論和對抗，法官在中立的立場上充當雙方糾紛的裁斷人，一般不會主動詢問證人、也不會主動搜集證據。

從古至今在人們追求正義的時候，往往都著眼於實體正義，注重最終的結果是否公正，導致程序經常被忽略。而英美法系素以注重程序而著名，儘管複雜、僵化的程序是當今司法改革的重要內容，但是程序的獨立價值在英美法系中體現得最為徹底。人們已經認識到，程序具有獨立於實體的本身的價值，程序的公正本身也是結果公正的一部分。在實體正義往往對於不同人有不同看法意見的時候，程序正義正是賦予了結果的正當性，程序正義被認為是「看得見的正義」。作為程序法一部分的對抗制，也是體現了對於程序正義的重視。

四、兩大法系的演變及發展趨勢

兩大法系雖然在思維方式、對於司法先例的約束力、對於制定法的解釋等方面有差別，但也不是絕對的，並且還要看到它們的現狀和之後的發展趨勢。

(1) 在法律淵源上，按照傳統大陸法系是以制定法為主，英美法系是以判例法為

主。但現在的狀況是，在大陸法系中很多國家也開始注重先例的重要作用，而英美法系的國家制定法也開始逐漸增多。

（2）在法典化的問題上，大陸法系在傳統上實行法典化，英美法系在傳統上不採用法典的形式。但是現在英美法系也有少數法律部門有了法典，大陸法系的一些重要法律部門也並沒有採用法典的形式，而是採用更加靈活的行政法規、單行法這樣。

（3）在法律的分類上，大陸法系有公法和私法之分，英美法系則是區分為衡平法和普通法。隨著時代和科學的發展，公私性質兼有的法律逐漸興起，在一些法律上面很難絕對區分公法和私法的性質。而在英美法系，則開始考慮劃分公法和私法。

第八章　法的制定

第一節　法律制定的概述

一、法律制定釋義

　　法律的制定，一般稱為立法。當今對立法有廣義和狹義的定義之分，狹義的立法是最高國家權力機關及其常設機構依照法定的權限和程序，制定、修改、補充和廢止規範性法律文件的活動。廣義上的立法是國家專門機關根據法定的權限和程序，制定、修改、補充、廢止各種具有不同法律效力和地位的規範性法律文件的活動，形成廣義上的法律。

　　法律的創制是國家的一項職能活動。在古代，都是由君主來一手制定法律，一般不會有特定的立法機關和立法程序。到了近代，資產階級革命推翻了君主的實際統治，根據三權分立的思想，將立法權交給了專門的立法機關，不斷完善立法程序，明確立法權限，立法活動成了由特定國家機關根據法定的權限和程序制定、修改、完善法律的特定活動。

二、法律制定的特徵

(一)　是由國家特定機關進行的活動

　　立法是國家權力的一項重要內容，是國家權力的運用。但是並非所有的國家機關都有立法的資格，只有被賦予了相關權力的國家機關才能從事立法活動。比如中國全國人民代表大會及其常務委員會有立法權，而最高人民法院就沒有。只有法律明確規定和經授權的國家機關才能從事立法活動，其他任何機關、組織、個人都沒有這個權力，也不能從事此項活動。

(二)　一定國家機關依照一定的職權進行的活動

　　不是所有有立法權的國家機關都享有同樣的立法權，在日益複雜的當今社會，根據國家機關職能的不同，不同的有立法權的國家機關所進行的立法活動是不同的，能夠立法的事項範圍等也是不同的。這些可以從事立法活動的國家機關，也必須依照法律規定的職權、在權限內進行立法活動。

(三)　按照法定程序進行的活動

　　法律的制定必須是依照法律所規定的程序進行，違反法律規定的程序進行的立法

活動都是無效的。由於立法權屬於國家權力，國家權力很容易被濫用，必須要受到約束。那麼要讓立法權能夠發揮其設定時應有的作用，就必須讓其依據一定的程序進行，否則就可能濫用立法權，無法使制定出來的法律能夠表達民意、符合現代法律的要求。從現代的立法來看，雖然各國立法程序不盡相同，但大都經過法案的提出、審議、表決通過和法律公布等程序。

(四) 運用一定技術進行的活動

法律的制定是一項專門的活動，包括創造性地造法活動，也包括對已有的法律進行修改、補充、廢止的活動。這是需要一定的立法技術才能完成的活動。制定法律時，需要涉及立法語言表達技術、法律條文表達技術、法律邏輯結構的表達技術等一系列的技術問題。為了讓法律能夠真正地到達立法要求，就必須重視立法技術。

三、法律制定的分類

根據立法主體的性質、立法權限等方面的不同，立法活動的分類可以有以下幾種。

(一) 專制的立法和民主的立法

這是根據立法主體的政治性質不同所做的分類。在歷史上享有立法權的主體主要有兩個，一個是專制君主，一個是民選的代議機關。對於君主享有立法權，由君主獨斷立法的稱為專制的立法，這種立法模式下由君主專制行使立法權，立法的目的也是為了方便專制君主維護統治秩序和專制利益。另一種是由人民所選舉的代議機關行使立法權，這種立法活動是在法定權限內按照一定的程序進行的，制定的法律代表著人民的公意，立法權實際上所有者是人民。需要注意的是，在君主立憲制的國家裡，雖然名義上立法權是君主的，實際上君主的權力只是名義上的，實際上依然是代議機關行使和決議的，這種模式依然是民主的立法。

(二) 代議機關的立法和行政機關的立法

這是在民主立法模式的內部所做的區分。廣義上的立法，不僅僅指代議機關所行使立法權的活動，也指有相關職能的國家機關的立法活動。根據三權分立的理論，代議機關行使立法權，行政機關執行法律。但是在具體的社會生活中，代議機關制定基本的法律，而在某些具體的社會領域，行政機關也會制定一些行政規章來更加方便行使管理國家的職能，以此應對日益複雜的社會生活。

(三) 中央立法和地方立法

這是根據立法權限和立法主體所做的劃分。中央立法是由中央國家機關所做的在全國範圍內均有效的立法，地方立法是地方機關針對本地所做的只在本地區範圍內生效的立法。在單一制國家裡，地方立法的效力是要低於中央立法的效力，地方法規不能與中央的規定相抵觸，否則自動失效。而在聯邦制的國家裡，地方立法是可以和聯邦立法並行的，雙方並不是絕對的相抵觸而聯邦立法的效力更高的關係。

(四) 職權立法和授權立法

這是根據立法主體的立法權限的來源所做的分類。職權立法是指立法主體的立法

權限來自法律的明確規定，授權立法是指立法主體的立法權限來自其他機關的依法授權。前者具有一般性和穩定性，後者具有特殊性和機動性。

第二節　立法理念

這裡的立法理念僅僅探討立法的指導思想和立法原則。立法不僅是專門的國家機關按照立法權限、根據一定程序行使立法權的活動，更是需要根據一定的指導思想和基本原則，才能真正地實現立法目的，使立法符合現代立法的要求。

一、立法指導思想

立法的指導思想是指貫穿於整個立法活動、能夠體現立法的宗旨和目的的指導性意見和觀點。立法的指導思想對於整個立法活動，起著指明目的和方向的作用，它應該是主權者的意志的體現，應當體現出主權者到底需要制定出一部怎樣的法律，所有的立法活動以及所制定出來的法律，都是應該在立法指導思想這一指引之下，完成立法所想要達到的立法要求。在不同的時代背景、不同的國家體制之下，立法的指導思想都可能是不同的。

比如當前在中國《中華人民共和國立法法》第三條規定：「立法應當遵循憲法的基本原則，以經濟建設為中心，堅持社會主義道路、堅持人民民主專政、堅持中國共產黨的領導、堅持馬克思列寧主義毛澤東思想鄧小平理論，堅持改革開放。」這就是中國當前立法的指導思想的表述。

二、立法基本原則

立法的基本原則是國家立法指導思想在實際立法活動中的具體貫徹和落實，是對國家立法意圖的總體概括和指導方針。當前中國立法的基本原則主要有：

（一）實事求是，從實際出發

《立法法》第六條規定：「立法應當從實際出發，適應經濟社會發展和全面深化改革的要求，科學合理地規定公民、法人和其他組織的權利與義務、國家機關的權力與責任。」這是對於立法的實事求是原則的闡述。

對於立法這一項對國家社會和所有人的生活都密切相關的活動，必須做到實事求是，從實際出發，這是對於立法活動的最基本的要求。從以往的歷史經驗可以看出，立法活動是一項必須立足於本國當前國情、立足於本國歷史傳統等的活動。光靠著立法者理性思維和對於西方國家立法經驗的借鑑是不行的，要制定出適合中國的法律就必須要立足於本國國情，每個國家地區由於歷史傳統、民族文化、經濟政治、地理狀況等的不同，這些因素都會實際地影響法律的實施效果。只有從事真正符合本國國情、從實際出發進行的立法活動，才是適合中國的立法。

要做到實事求是，一方面需要立法者正確認識客觀規律，尊重客觀規律；另一方

面需要立法者深入調查研究，正確認識本國實際國情，處理好借鑑外國經驗和結合本國實際情況的關係。

(二) 科學立法

必須承認，法律大多數社會實踐經驗的總結，是經驗的產物。法律是在調整社會的矛盾中產生的，在社會生活中發生了一些新的情況，法律就由此做出適當的規定來平衡當事人之間的權力義務關係。因此科學立法首先是要尊重實踐經驗，總結實踐經驗。

但是另一方面，也要求立法應該具有預見性，不僅是要對既存事實的肯定，也應該要對未來具有一定程度的科學預見。在理性的趨勢之下應該看到一些社會未來的發展趨勢，要有一定的「超前立法」，這樣才不至於使立法活動顯得永遠處於被動滯後的狀態。將經驗總結和理性預見相結合，才能讓法律能夠發揮更加長遠積極的作用。

(三) 法制統一

堅持法制統一，首先是立法要堅持以憲法為核心和統帥，任何法律、行政法規、地方性法規等都不得與憲法衝突，法律法規之間具有協調一致性，內部不出現互相衝突矛盾的現象，全國有一個統一、完整的法律框架體系。

堅持法制統一，還要注意將法律的穩定性、變動性和連續性相結合。法律的穩定性是指法律一旦制定公布，在一定時期內應該是不變的，不能朝令夕改，法律應該提供明確、穩定的行為規範。如果法律不停地變動，不僅會讓人們混淆行為方式，更會使得法律喪失權威性、嚴肅性。但是這種穩定性是相對的，在社會生活狀況發生巨大變化的時候，法律就應該變動、修改來使自身適應社會生活的變化，而不能制定出一部法律後一勞永逸，僵化不變。法律在變動的時候，就要注意法律的連續性，應該是相互之間有承接關係的，不能隨意中斷，是一脈相承的關係。法律的穩定性、變動性和連續性相結合也是法律保持其內部法制統一的重要內容。

(四) 民主立法

《立法法》第五條規定：「立法應當體現人民的意志，發揚社會主義民主，堅持立法公開，保障人民通過多種途徑參與立法活動。」這是對於立法的民主原則的表述。現代的立法，都應該是人民授權代議機關行使立法權的活動，立法應該體現的是人民的意志。

在中國的立法過程中貫徹民主原則，實行立法的民主化，總的來說，要使廣大人民群眾都能夠直接或間接地參與國家法律的制定，具體體現為立法程序的民主化。立法程序民主化的實現，取決於直接民主和間接民主的結合，特別是把間接民主切實地建立於直接民主的基礎上。從理論上講，公民不通過任何中間環節直接享有立法權，是體現民主原則的最佳方式。但是在地域遼闊、人口眾多的國家難以採取這種方式。因而公民選出代表，由這些代表組成立法機關行使立法權成了最普遍的立法形式。但是，民意機關能否真正代表民意以及如何真正代表民意是現代民主制的難題。在中國這樣的難題主要體現在民意如何反應給代表，代表如何表達出民意並使得大多數人的

意志能夠反應在法律中。那麼這要求在選舉人大代表的時候，應該提供更多的方式瞭解候選人，讓基層選舉能夠更加切合廣大人民的意志。而被選出來的人大代表也應該主動和群眾多溝通聯繫，切實瞭解廣大群眾真正的訴求，由此在立法的過程中，所提出的議案、表決通過的時候，才能更加民主，符合人民真正的意志。

(五) 保障人權

現代政治國家的法律，公法主要是為了限制公權力、確定公權力運行的邊界，私法是為了保障私人權利，分配權利和義務，司法也是為了救濟權利。整個法律體系都是為了保障權利而存在和運行的。因此在立法的過程中，以人為本、尊重和保障人權也是一個重要的原則。

在立法工作中尊重和保障人權，首先要通過立法積極貫徹和落實憲法賦予公民的一切權利和自由。憲法是國家的根本大法，其根本目的是為了保障公民的權利和自由，在立法的過程中也應該積極貫徹憲法的這一思想，將尊重和保障人權作為基本理念，貫穿於整個立法活動。其次要求立法工作要限制和規範公權力的運行為重點內容。權力容易被濫用，權力一旦被濫用受到最嚴重侵害的就是公民的人權，因此立法應該嚴格規範和限制公權力，特別是行政權力，讓政府不要對社會生活和市場經濟進行不必要的干涉，讓權力運行在法律的軌道上，既好好履行職責又能防止權力擴張和濫用。

第三節　立法體制

一、立法體制釋義

立法體制是關於一個國家立法權配置、立法機關的設置和權限配置的問題，其核心問題是立法權限的劃分，主要包括哪些國家機關享有立法權，各立法主體有哪些範圍的立法權。

一個國家的立法體制涉及哪些國家機關有立法權，中央和地方的立法權限如何劃分，這就是這個國家的國家管理形式和國家結構形式所決定的。在君主專制的國家裡，一般就實行專制君主一個人享有獨斷的立法權。而在現代民主國家都建立了以代議制為核心的民主立法體制。在單一制的國家裡，全國只有一個最高的權力機關，立法權由中央權力機關統一行使，全國是一個統一的立法體系。當然在單一制國家裡，並非地方就完全沒有立法權限，在有些事項上地方具有一定的立法權限，比如在中國地方也有制定地方性法規的權力。在聯邦制的國家裡，全國是二元或多元的立法體制，一國內有兩個或者多個立法機關可以行使各自的立法權限，雙方有明確的立法權限的劃分規定，一般是由憲法對聯邦專有的立法權限和聯邦地方保留的立法權限作出規定。

二、中國現行立法體制的特徵

(一) 一元性的立法體制

中國現行的立法體制是一元性的立法體制，即實行中央集中統一領導，強調國家

立法權屬於中央，全國是一個統一的立法體系。

(二) 兩級並存的立法體制

中國現行的立法體制是兩級並存的立法體制，即中央一級的立法和地方一級的立法同時存在。既有全國人民代表大會及其常務委員會、國務院等中央一級的國家機關可以行使立法權，地方上一些人民代表大會及其常務委員會、人民政府等也有一定的立法權限。

(三) 多類結合的立法體制

中國現行的立法體制是多類結合的立法體制。全國人民代表大會作為最高國家權力機關，享有最高的國家立法權，行使修改憲法以及制定基本法律的職權。在中國的立法體制中還包括行政法規制定權、民族自治條例與單行條例制定權等多種類別。

這種一元兩級多層次的立法體制，符合中國多民族的單一制國家結構的實際情況，既能有效地實現法制的統一，又能夠發揮地方的積極作用，是實事求是、從實際情況出發來考慮立法體制的結構設置的表現。

三、中國的立法體制

中國現行的立法體制是 1949 年以後建立和完善起來的。從 1949 年中華人民共和國成立到 1954 年《憲法》頒布實施，這一時期是中國立法體制的初創時期。這時中央人民政府委員會是國家最高立法機關，有權制定法律、頒布法令，有權批准、廢除和修改中國與外國訂立的條約和協定。這時候各級政府也有擬定法令、法規、條例的權力。隨著 1954 年憲法的建立，中國的立法體制初步形成。第二個時期是 1954 年到 1982 年，這一時期立法權高度集中於中央，主要是集中於全國人民代表大會。第三階段是 1982 年憲法實施以後至今，中國的立法體制逐漸趨於完善和成熟。

目前中國的立法體制框架如下：

(一) 中央立法權

中央立法權包括國家最高權力機關立法權、最高行政機關立法權和中央軍事委員會的立法權。

1. 全國人民代表大會及其常務委員會

全國人民代表大會有權修改憲法，制定刑事、民事等基本法律，有權修改和撤銷全國人民代表大會常務委員會的不適當的立法。全國人民代表大會常務委員會有權制定和修改除應當由全國人民代表大會制定的法律以外的其他法律；有權在全國人民代表大會閉會期間，對全國人民代表大會制定的法律進行部分修改和補充，有權撤銷國務院制定的同憲法、法律相抵觸的行政法規、規範性決定和命令，有權撤銷省級國家機關制定的同憲法、法律、行政法規想抵觸的地方性法規和規範性決議，有權決定同外國締結的條約和重要協定的批准和廢除等。

根據《立法法》的規定，最高國家權力機關的立法事項包括：①國家主權的事項；②各級人民代表大會、人民政府、人民法院和人民檢察院的產生、組織和職權；③民

族區域自治制度、特別行政區制度、基層群眾自治制度；④犯罪和刑罰；⑤對公民政治權利的剝奪、限制人身自由的強制措施和處罰；⑥稅種的設立、稅率的確定和稅收徵收管理等稅收基本制度；⑦對非國有財產的徵收、徵用；⑧民事基本制度；⑨基本經濟制度以及財政、海關、金融和外貿的基本制度；⑩訴訟和仲裁制度；⑪必須由全國人民代表大會及其常務委員會制定法律的其他事項。對於這些事項中尚未制定法律的，全國人民代表大會及其常務委員會有權做出決定，授權國務院可以根據實際需要，對其中的部分事項先制定行政法規，但是有關犯罪和刑罰、對公民政治權利的剝奪和限制人身自由的強制措施和處罰、司法制度等事項除外。

2. 國務院

國務院的立法主要由三部分組成：一是根據《憲法》第八十九條規定的有關國務院行使行政管理職權的事項，可稱為職權性立法權；二是為執行法律的規定需要制定行政法規的事項，可稱為執行性立法權；三是根據全國人民代表大會及其常務委員會的授權決定先行制定行政法規，可稱為授權性立法權。

此外，根據《立法法》的規定，國務院各部、委員會、中國人民銀行、審計署和具有行政管理職能的直屬機構，可以根據法律和國務院的行政法規、決定和命令，在本部門的權限內制定規章。部門規章規定的事項應當屬於執行法律或者國務院的行政法規、決定、命令事項。

3. 中央軍事委員會

中央軍事委員會有權制定軍事法規。中央軍事委員會各部、各軍兵種、各軍區等有權制定軍事規章。

(二) 地方立法權

地方立法機關的立法權包括省、自治區、直轄市人民代表大會及其常務委員會根據本行政區域的具體情況和實際需要，在不同憲法、法律、行政法規相抵觸的前提下，可以制定地方性法規；省、自治區人民政府所在地的市人民代表大會及其常務委員會，經國務院批註的較大的市的人民代表大會及其常務委員會根據本市的具體情況和實際需要，在不同憲法、法律、行政法規和本省、自治區的地方性法規相抵觸的前提下，可以制定地方性法規，報省、自治區的人民代表大會常務委員會批准後施行；民族自治地方的人民代表大會有權依照當地民族的政治、經濟和文化特點，制定自治條例和單行條例。自治區的自治條例和單行條例，報全國人民代表大會常務委員會批准後生效；自治州、自治縣的自治條例和單行條例報省、自治區、直轄市的人民代表大會常務委員會批准後生效。自治條例和單行條例可以根據當地民族的特點，對法律或者行政法規做出變通規定，但不得違背法律和行政法規的基本原則，不得對憲法和民族區域自治法的規定以及其他有關法律、行政法規專門就民族自治地方所做的規定做出變通規定。

地方行政機關的立法權包括：省、自治區人民政府、省會城市和自治區首府城市的人民政府、經國務院批准的較大的市的人民政府，可以根據法律、行政法規和本省、自治區的地方性法規，制定規章。自治區和自治區人民政府所在地的市的人民政府，

還可以根據本自治區的自治條例和單行條例，制定規章。

在以上的關於地方立法的規定中，有些地方立法機關的立法必須履行「報批」程序，「報批」與否直接決定該地方立法是否具有法律效力。在這種情況下，可以認為，立法主體所具有的並不是完整的立法權，比如自治區的自治條例和單行條例必須報全國人民代表大會常務委員會批准後才能生效。

(三) 特別行政區的立法問題

特別行政區的立法機關在不同特別行政區基本法相抵觸的前提下，行使特別行政區的立法權。特別行政區的立法須報全國人民代表大會常務委員會備案，備案不影響該法律的生效。特別行政區的立法權相對於其他地方立法權具有特殊性，相對於中央立法權也有其相對獨立性。

第四節　立法程序

一、立法程序釋義

立法程序是指享有立法權限的國家機關在創制、修改、補充、廢止規範性法律文件的立法活動中必須遵循的法定步驟。

立法程序應當是法定的，它對於立法活動有著重要意義。首先可以保障立法的民主性。法定的立法程序能夠有效防止立法專斷，使得立法活動能夠充分反應民意。其次有利於立法活動的科學性。有一個科學的立法程序是前提，在這樣科學的立法程序的步驟指引之下，立法活動有了正當性和規範性，能夠最大限度地保證制定出來的法律的合理性和科學性。最後，立法程序有助於立法效率的提升。按照科學的立法程序的指引，可以讓繁多的立法活動都能夠從容有序地進行，並且可以保證人力資源的合理配置，節省社會的司法資源，降低立法成本。

二、中國現行的立法程序

中國目前的立法程序已基本法律化和制度化，這裡主要介紹一下全國人民代表大會及其常務委員會的立法程序。根據中國《憲法》《全國人民代表大會組織法》《立法法》《全國人民代表大會議事規則》和《全國人民代表大會常務委員會議事規則》等法律的規定，中國立法程序包括提出法律案、審議法律案、表決和通過法律草案、公布法律這四道程序。

(一) 提出法律案

提出法律議案是指依法享有立法提案權的機構或人員按照一定的程序向立法機關提出、提請法律制定機關列入議程討論決定的關於創制、修改、補充或廢止某項法律的動議。根據有關法律的規定，享有向全國人民代表大會及其常務委員會提出法律議案權的有：第一，在全國人民代表大會開會期間，一個代表團或者30名以上的代表，

可以向全國人民代表提出屬於全國人民代表大會職權範圍內的議案。第二，全國人民代表大會常務委員會組成人員 10 人以上可以向常務委員會提出屬於常務委員會職權範圍的議案。第三，國務院向全國人民代表大會及其常務委員會提出的法律案。第四，最高司法機關和軍事機關向全國人民代表大會及其常務委員會提出議案。

(二) 審議法律草案

提出的法律議案被列入會議議程後就進入審議程序，立法機關就開始對會議中的法律案進行審議討論。根據《立法法》的規定，全國人民代表大會對法律草案的審議一般經過以下五個步驟：①提案人說明，即立法提案者向大會作關於該法律案的說明；②分別審議，即各代表團和有關的專門委員會分別對該法律案進行審議；③統一審議，即由法律委員會匯總各代表團和專門委員會的審議意見，並對法律草案進行統一審議，向大會主席團提出審議結果報告和法律案修改稿；④主席團決定，即大會主席團審議法律委員會提出的審議結果的報告以及該法律案修改稿，並決定提交大會審議；⑤大會審議，即大會全體會議以一定方式、規則對法律案進行審議。任何法案一旦列入大會議程，在提請大會表決前必須經過大會全體會議的審議，這是立法民主性的基本要求。

審議法律案是立法程序中非常重要的內容，是立法機關的代表對於法律提案的看法討論，旨在讓各個法律提案都能經過充分的討論而認識到法案內容的利弊，以方便之後的表決，是否能夠通過而上升為法律的重要環節。這也是民主立法的要求和體現。

(三) 表決和通過法律草案

表決法律草案是立法機關對經過審議的法律草案以一定的方式表示最終的態度，即由立法機關的組成人員最後對法律案表示贊成或者不贊成或棄權的態度。這是立法程序中具有決定性意義的步驟。

法律議案只有經過表決，才能決定是否被通過。通過的原則是多數原則，一般分為絕對多數和簡單多數。根據中國憲法和法律的規定，憲法修正案須有全國人民代表大會全體代表的三分之二以上多數贊成才能通過，即採取絕對多數原則。法律草案只要有全國人民代表大會全體代表的過半數或全國人民代表大會常務委員會全體組成人員的過半數贊成，即為通過，這是採用簡單多數的原則。

(四) 公布法律

公布法律是指法律制定機關在法定的專門刊物上，對立法機關通過的法律予以正式公布。中國憲法規定，國家主席根據全國人民代表大會及其常務委員會的決定公布法律。法律公布後，應當及時在制定機關的公報上刊登，並應當在全國範圍普遍發行的報紙上刊登。法律公布與法律實施有密切聯繫。未經公布的法律不能認為已經發生效力，不能予以實施。

第九章　法的實施

第一節　法的實施概述

一、法的實施的概念

　　法的實施指的是法律在現實生活中被人們貫徹落實，是紙上的法律變成現實生活中的法律的過程，它一般包括三個方面：法的遵守（簡稱守法）、法的執行（簡稱執法）、法的適用（簡稱司法）。

　　國家立法機關在通過一定程序制定出來法律之後，這時只是文本上的法律，只是在規則上在人們之間分配了權利和義務，是人們應該如何行為，並不是現實中人們在怎樣行為。法律的實施就是講應然狀態的行為規則變成實然上的人們在如何行使權利、履行義務、行使職權。法律只有真正應用到人們的生活中之後才能發揮其應有的價值，立法的目的也是想要實際上能夠指導人們的生活，規範社會秩序。法律的制定只是第一步，法律的實施才是法律真正作用於日常生活中的過程，是將應然的東西變成實然的東西，將抽象的法律規則變成具體的現實生活狀態。如果說法律制定是把客觀的社會實際要求轉化並上升為國家意志的過程，是一個物質變精神的過程，那麼法律實施則是把體現在法律中的思想、意志在實際中轉換為人們的行為，把法律規範轉化為現實關係的過程，是一個精神變物質的過程。

　　古往今來都很重視法律的實施問題，從中國戰國時代的商鞅「民信其賞，則事功成；信其罰，則奸無端」，到亞里士多德的法治重要含義之一「已成立的法獲得普遍的服從」，這些都突出了法律實施的重要性。一個國家要通過法律來建立良好的秩序、立法要達到應有的目的，就必須要求法律的良好實施運行。一個國家法律權威的確立，並不在於制定了數量眾多的法律，也不在於設立了種類齊全的執法部門，而在於法律是否真正能在社會生活中得到普遍的尊重和執行。法律的實施，是建立法治國家的關鍵。

二、影響法的實施的主要因素

　　一個國家理想法治狀態是立法中規定的法律要求在現實中得到一致的遵守和執行，人們的現實行為完全按照法律所規定的行為模式，立法中的法律要求和現實生活中的法律效果完全一致。但是在實際生活中情況是紛繁複雜的，兩者要完全一致有很大的困難，現實中存在著各種影響法的實施的因素。

(一) 法的制定方面

要使法律能夠良好地實施，獲得理想中的效果，法律創制本身就是重要的影響因素。從理想狀態來說，現代政治國家採取民主立法的方式，集合民意立法，能夠最有效地使法律反應民意，反應對社會生活的共同期待。但是現實中有礙於立法人員本身對法律理解的不同、立法人員的素質等主客觀因素，立法質量，包括法律規則的現實可操作性、法律規則本身的科學嚴謹性等都可能影響到法律的實施。

(二) 法律意識方面

要使得法律能夠真正良好地運行實施，離不開社會成員的普遍遵守和執行。如果公民普遍都具備比較高的法律素養和法律意識，那麼就能夠使得在具體社會生活中遵照著法律所規定的權力義務進行行為，執法人員也可以更加科學的執法。因此，注重對社會成員法律意識的提高和法律權威意識的樹立，對法律的實施顯得非常重要。

(三) 法律執行方面

落實法律實施效果也與執法機制有關。建立執法新機制的基本要求是：健全機構、分工合理、明確權責、公正程序、規範行為、高效廉潔、足夠經費、有效監督。要建立執法主體資格制度，由專門國家機關在其法定職權範圍內執行法律，並設立相對集中的執法機構，統一各項執法權。要建設一支清正、廉潔、高素質的執法隊伍，嚴格按照法定權限和法定程序行使權力和履行職責，堅持執法的經常化、常態化，避免「運動式」執法方式。盡量避免依靠社會輿論監督、領導人批示案件來推動執法的現象，加強對執法主體的制約，加強法律監督。

第二節　法的遵守

一、守法的概念

法律的遵守是法律實施的一種重要方式。法律遵守和遵守法律、守法是同一概念，是指國家機關、社會組織和每個公民，依照法律的規定，行使權利、履行義務的活動，即一個國家和社會的各個主體嚴格依法辦事的活動和狀態。社會主體的行為與法律的要求保持一致：為法律讓其所為的事，不為法律禁止其為的事。法律的遵守是權利和義務的統一。

理解守法的概念要從兩個層次上進行：第一，守法不僅僅是主體履行法定義務、不從事法律禁止性、限制性的行為，還包括主體依法行使權利，用法律維護自己的合法權益。這裡更重要的是鼓勵主體積極行使法律所賦予的權利，從事法律容許和讚賞的行為，以真正實現立法的意圖。第二，守法也是指一個國家、整個社會中所有國家機關、社會組織、公職人員及廣大公民都處於依法辦事的狀態。

法律遵守是對全社會主體的普遍要求，是法律實施和實現的一種最基本也是最重要的形式。守法不單純針對公民和社會組織，也包括國家機關。人們在遵守法律的過

程中將法律規定的權利和義務轉化為現實，這就是將法律真正地運行於社會現實生活中。同時由於法律的規定能夠得到良好的遵守，立法希望達到的應然的社會秩序，就在行使權利、履行義務的過程中得到實現。

二、守法的構成要素

(一) 守法主體

守法主體指的是在一個國家和社會中，哪些人和組織應該成為遵守法律的主體。按照法治本身的要求來說，一個國家和社會中的任何主體都應該是守法主體，所有主體都能按照法律規定的行為模式行為、一切都能納入法律的軌道，才能獲得法治所想要達到的社會秩序。但是從歷史發展的角度來看，古代的「刑不上大夫」，只有平民百姓才需要守法，貴族和皇帝都不受法律的限制和制裁。在近代資產階級革命，提倡法律面前人人平等之後，才使得法律開始真正地實現權利和義務的統一。現代社會崇尚民主和平等的精神，法律面前人人平等已經成為公認的憲法原則。

中國現行憲法規定：「一切國家機關和武裝力量，各政黨和社會團體，各企事業組織都必須遵守憲法和法律。一切違反憲法和法律的行為，必須予以追究」「任何組織和個人都不得有超越憲法和法律的特權」「中華人民共和國公民必須遵守憲法和法律」。這些都表明在中國不存在不受法律約束的社會主體，一切的社會主體都應該在法律規制的軌道上運行。

具體來說：①一切國家組織和武裝力量，包括國家權力機關、行政機關、司法機關、軍事機關和武裝力量。行使國家權力、執行國家職能的這些國家機關，在守法上負有重要的義務。現代法律的重要職能之一就是限制公權力的行使，國家機關及其工作人員自覺維護法律的尊嚴帶頭守法，能夠提高法律的權威性，也是實現法治的重要方面。②非國家組織，包括各政黨、各社會團體、企事業單位。執政黨的守法對於法律實施具有重要的意義。中國共產黨是中國的執政黨，在國家生活中處於領導地位，黨的組織和工作人員，特別是處於領導崗位的領導人必須模範地遵守法律，為其他社會組織和公民的守法樹立榜樣，帶動各社會組織和公民嚴格守法。③公民，這裡的公民指個體意義上的，上至國家主席，下至普通人民。全體公民在法律上都是具有平等地位的，守法是全體公民的權利，也是義務。

(二) 守法範圍

守法範圍指的是守法主體應該遵守的哪些法律文件。不同國家類型的法律淵源不同，守法範圍也不相同。在古代皇帝的敕令、貴族的命令也是守法範圍之內。在政教合一的國家，宗教教義、教規也是守法的範圍。在當代中國法律遵守主要是遵守規範性的法律文件，首先包括憲法、法律、行政法規、軍事法規、地方性法規、自治法規、經濟特區法規、特別行政區法規以及中國參加或同外國締結的國際條約、協定和承認的國際慣例。特別也包括司法機關、執法機關製作的非規範性法律文件，如法院的判決書、調解書等，是特別的國家機關在適用法律的過程中對個別人或個別事項製作的，雖然並不具有普遍的約束力，也不屬於法律，但對當事人來說，是具有法律效力的，

也是守法的範圍，是應該遵守執行的。

(三) 守法內容

守法的內容指在守法過程中，守法主體必須正確行使法定權利、履行法定義務。立法規定了人們的權利和義務，成為人們行為準則，並通過這些準則去約束、指導、調整人們的行為和社會活動，並以國家強制力保證其得到遵守和執行，以建立和維護正常的社會關係和社會秩序。如果社會主體都能按照法律的規定去行為，行使法律賦予的權利、履行法律要求承擔的義務，法律也就切實地得到了遵守。

第三節　法律執行

一、執法的概念

法的執行，簡稱執法，有廣義和狹義兩種理解。廣義的執法建立在法律制定和執行的基礎上，僅與立法相對應，指的是國家行政機關、司法機關和法律授權或委託的其他機關及其公職人員，依照法定的職權和程序，貫徹實施法的活動，既包括行政機關執行法律的活動，也包括司法機關適用法律的活動。狹義的執法則是建立在近代國家三權分立的基礎之上，僅指國家行政機關和法律委託的組織及其公職人員依照法定職權和程序行使管理權，貫徹實施國家權力機關所制定的法律的活動。本章的執法僅指行政機關執法，不包括法的適用。

近代以來的執法是近代資產階級革命所確立的三權分立，立法、行政、司法分立制約。在現代社會中，行政管理是與社會生活關係得最為密切的，是法律實施中最普遍、最常見的方面。在市場經濟條件下，政府的行政行為在本質上都屬於法律行為，大多都與執法活動有關。但是目前政府的執法要從單向的「權力性行為」向「權力—義務性行為」轉變；從執法權「直接命令性」向「間接調控性」轉變，政府要更加重視社會服務的職能。行政機關作為社會公共權威代表，通過行使執法權協調不同階層、不同集團的利益衝突，推進公共福利的實現。但是執法本身的特徵，很容易侵害到當事人的合法權益，因此嚴格約束執法行為，讓執法活動在法律的軌道上行使，具有重要意義。

二、執法的特徵

(一) 主體特定性

執法主體具有特定性和國家代表性，因為執法權是國家權力之一，只能賦予特定的主體。執法的主體必須是行政機關及其公職人員或經行政機關授權、委託組織的人員，其他任何國家機關、社會組織和個人沒有經過法律、法規授權都不得行使執法權。

(二) 主動性和單方意志性

與司法活動的消極性不同，執法一般都是積極主動的狀態，這是由執法的性質決

定的。執法活動往往是國家機關主動去管理社會事務，這是執法人員的職責所在，必須依職權主動行使。在很多時候，執法需要的是執法機關主動行使職權管理社會事務，提高效率解決社會糾紛，行政機關可以不需要相對人請求或不經過相對人統一，主動單方面採取執法行為。相對人如果不服，可依法請求復議、提起訴訟、進行申訴等，但這並不影響執法行為的性質。相反，不主動執法由此給國家社會和公民造成的損失，會構成失職行為，必須承擔相應的法律責任。這也就是執法既是權力也是義務。

也這是由於這種特性，行政機關在行政法律關係中既是一方當事人，又是執法者，享有行政執法權，這樣的結構決定了行政法律關係不是平權型法律關係，而是隸屬型法律關係，法律關係主體雙方地位不平等。

（三）極大的自由裁量權

由於行政機關管理的社會事務有非常大的變化性，為了適應社會關係的複雜性和社會發展的不平衡性，賦予了執法活動較大的靈活性，這種靈活的執法就是較大的自由裁量權。但是要注意的是這種極大的自由裁量權並不是賦予行政執法機關完全的行為自由，而是在法律規定的權力範圍之內，根據具體的社會事務的情況，加以靈活的判斷，採取靈活的手段管理。與此同時，這種自由裁量權，是為了能夠快捷高效地執法，但是也更可能會被濫用，侵害公民、法人的合法權益。因此要把握好自由裁量權的度。

（四）執法範圍的廣泛性

執法是行政機關對於社會生活的各個方面以國家的名義進行組織和管理，它涉及的社會生活領域十分廣泛，內容紛繁複雜，其活動也直接關係到人們的切身利益。隨著當今科技社會的不斷發展，需要政府服務的領域變得越來越多，在廣泛的社會領域內都需要對行政執法的活動加以規範。

三、執法的主體

執法的主體是指具備法律所賦予的執法資格，能獨立實施執法權利，承擔執法責任的行政機關。執法是行政機關的重要職能，但並非所有的行政機關和行政部門都是執法主體，只有法律明確授予了執法資格，能夠從事執法活動的行政機關和組織，才能作為執法主體。

根據中國憲法和有關行政組織法的規定，從行政機關的地位、職能和權限範圍來分析，執法主體可以分為三類：第一，國務院及職能部門。國務院是最高行政機關，享有管理全國行政事務的職權，是中國執法體系中最重要的執法主體。第二，地方各級人民政府及職能部門。地方各級人民政府及職能部門是地方各級權力機關的執行機關。第三，行政機關依法授權或委託的組織。行政機關以外的組織，經法律授權或委託也可以成為執法主體，在法定授權或委託範圍內行使執法權。社會組織本身並不享有執法主體的資格，只有在行使法律所授權或委託的執法權時才享有權力和行政法律責任。行政機關的授權或委託必須在法定職權範圍內依照法定程序進行，不得隨意變更授權的主體、擴大授權或委託的範圍。只有依法成立的具有管理社會公共事務的組

織經行政機關授權或委託才可以成為執法主體，其執法行為不得超越法律規定的權限。比如仲裁委員會、中國足協等。

四、執法的功能

（一）實施法律

光是制定了法律是沒有意義的，法律的貫徹實施更為重要。在法律的實施中，執法具有重要作用。在實際生活中，從數量上看，占到80%以上的法律是由國家行政機關直接貫徹執行的。

（二）實現政府管理職能

行政執法行為是行政執法主體履行職責的行為，因為執法主體本身大多都是政府，其也是實現政府管理職能的行為。執法主體的執法行為，很多也是在管理社會事務，這就實現了政府的管理職能。

（三）保障公民權利

近現代的法治理念都是以國家是以權利為本位配置的，一切公權力的行使都應該是以保障公民的權利為目標，即使在限制權利的時候，也是為了他人或者社會整體權利的實現。雖然維護社會公共利益是行政執法的一個重要目的，與此同時也要求行政執法的時候注意保障公民的個體合法權益，實現公共利益和公民合法權益的平衡。行政執法的理念在20世紀以前被認為是為了實現超越私人利益的國家公共利益而進行的統治和管理，這時候的行政執法更加強調統治和公共利益，對於公民個人的權利的保護很薄弱。在20世紀以後受到人文精神更深的影響，行政執法不再純粹地以追求國家公共利益為目的，而是根據國家的信賴和委託，為每個公民提供公共服務的過程和活動。

五、執法的基本原則

（一）合法性原則

依法行政原則，又稱合法性原則，是指行政機關實施行政管理，要嚴格按照法定權限和程序行使權力、履行職責；未經法律許可，行政機關不得做出影響公民、法人和其他組織合法權益或者增加公民、法人和其他組織義務的決定。這一原則是法治國家對行政的第一要求，是防止行政權濫用的最重要的防線。

合法性原則一般包括以下的內容：①執法主體的設立和執法職權的存在要合法。執法主體的資格必須是法律賦予或者根據法律的規定由有權力的機關授予或委託的，這種職權只能是在法律允許的範圍內，遵循「法無明文許可則禁止」，法律有明確授予的職權才能行使。②行政執法行為要合法。一般來說行政執法行為要合法，需要執法主體按照法律的規定、符合法定權限、依據法律規定的程序進行。

（二）合理性原則

合理性原則是針對合法性原則所做的補充，是指執法主體的執法行為應當客觀、

適度，在法律規定的範圍內體現公平、正義的要求。執法行為僅僅在法律規定的範圍內行使有時候也會造成行為的不妥當，由於執法行為往往具有很大的靈活性，法律會規定一個有比較大的自由裁量權的範圍，讓執法行為可以按照具體實際情況做出合理的處理。僅僅僵化地依照法律的規定「一刀切」的行為方式，並不注重執法的現實效果。但是這個較大的自由裁量權執法的時候應該如何取捨，這時候就需要結合合理性原則，執法主體在行使自由裁量權進行執法活動的時候，就應該遵循公平、公正的原則，平等地對待行政相對人，客觀地行為。這樣才能使執法行為真正地能夠符合法律的宗旨和精神。

(三) 正當程序原則

正當程序原則是要求執法主體的執法活動必須要符合法定的程序，這是法律對執法行為的有效控製，能夠切實地防止權力濫用，同時符合法定的程序本身也使得執法行為獲得了正當性。執法的程序正當的標準是行政程序公開；行政主體嚴格按照法定程序行使權力、履行職責；保護相對人的聽證權、辯論權、迴避權等程序性權利。

正當程序原則與合法性原則有一定的交叉重疊關係，但與合法性原則不同的是，正當程序原則除了要求在有法律規定時嚴格執行行政程序法的規定外，在某些情況下，即使沒有程序立法規定，行政機關也應當在該原則的指導下制定執法的程序規範；如果行政機關自身也缺乏相應規定，在考察行政相對人對行政行為的異議時，可以以該原則作為執法行為程序和結果正當與否的判斷標準。

(四) 效率原則

效率原則主要包括兩個方面：①該原則要求行政機關進行執法時，對不同社會主體之間的利益、個人利益與公共利益進行權衡和取捨時，要考慮社會的總成本與總投入之間的關係，要盡可能地以最小的社會成本獲得最大的社會經濟效益。②行政機關進行執法活動時，也要考慮自身的執法成本與執法效益的比值問題，以最小的成本獲得最大的收益。行政執法的效率原則要求是由行政活動本身的性質決定的。

執法效率原則要求執法主體從保護公民權利和國家利益出發對行政相對人的各項要求及時做出反應，克服部門保護主義；行政機關實施行政管理，應當遵守法定時限，積極履行法定職責、提高辦事效率；行政機關要精簡機構，降低管理成本，提高政府辦事效率；積極探索對政府立法項目尤其是經濟立法項目的成本效益分析制度，政府立法不僅要考慮立法過程成本，還要研究其實施後的執法成本和社會成本；行政機關制定的制度要公開透明，行政機關的信息資源應當盡量共享，這是提高行政效率的基礎。

(五) 誠實守信原則

誠實守信原則是指行政機關進行執法活動時要講誠實、守信用，要求除設計國家秘密和依法受到保護的商業秘密、個人隱私的事項外，行政機關應當公開政府信息；公開的信息應當是準確、全面、真實的；行政機關發布的政策和做出的決定要保持相對穩定，不能朝令夕改，確需改變的應該盡可能地給相對人提供合理的預期，由此造

成相對人受損害的，行政機關要依法給予補償，非因法定事由並經法定程序，行政機關不得撤銷、變更已經生效的行政決定。誠實守信原則能夠更好確立執法機關執法活動的權威性，避免朝令夕改，給相對人提供合理的預期，使相對人的活動可以更好地調控風險。

(六) 責任原則

責任原則是指執法主體必須對自己的執法行為承擔責任。由於在執法活動中權力的行使本身很可能給相對人造成損害，那麼在損害發生的時候應該讓執法主體能自己承擔責任以給予相對人救濟。

行政責任發生一般有三種情形：①違法法律的行政行為；②行政不當損害相對人的利益；③行政行為實施上造成相對人權益的損害。對於這三種情形執法主體都應該承擔相應的法律責任。前兩種情況下產生的責任是行政損害賠償責任，最後一種情形下產生的是行政的損失補償責任。

第四節　法律適用

一、法律適用釋義

(一) 法律適用的概念

法律適用，在廣義上是指行政機關和司法機關實施法律的活動，但通常取狹義上的意義來適用，指國家司法機關依據法定職權和法定程序，具體運用法律處理案件的專門性活動。在這個狹義的意義上，因為是國家司法權的行使，所以也稱為司法。

(二) 法律適用的特徵

司法一般有以下幾個典型特徵：

1. 主體的特定性

司法作為國家司法權的運行，國家的重要職能之一，必須要有特定的機關才能進行。按照三權分立的學說，司法權是由司法機關來行使，司法機關特指法院，法院是適用法律的主體。而在中國法律體制的劃分裡，司法權包括審判權和檢察權，司法機關包括法院和檢察院，因此中國法律適用的主體是檢察院和法院。除了司法機關能夠行使司法權以外，其他國家機關、社會組織、個人都不得行使司法權。

2. 程序法定性

司法權是國家權力的一種，約束國家權力，讓國家職權能夠在法律軌道上運行，國家權力的行使都需要嚴格遵守法律的規定。但是相比於自由裁量權更大的執法活動，司法權的程序性體現得更加顯著，表現在有嚴格的訴訟法來規定司法的程序，整個訴訟司法過程都必須嚴格遵守法定程序。司法主要是一種國家權力對當事人之間的糾紛訴訟進行中立裁判的活動，要使得裁判結果具有正當性，不光是要在實體上符合正義，程序上的公正也是裁判結果正當的一種表現。

3. 專業性

司法機關在行使司法權的時候，必須具備專門的理念、知識和技能，運用獨特的預言、邏輯推理和職業技巧。面對現代社會的高速發展，日益複雜的糾紛情況，適用法律的活動成為必須要具備相應的素質、知識技能才能從事的，並不是任何人都可以勝任的。所以要求司法機關的公職人員必須具備豐富的專門知識，受過嚴格的訓練，具有很強的專業性。

4. 國家強制性

司法是司法機關以國家強制力為後盾適用法律的活動，針對當事人之間的權力義務糾紛，司法機關所作出的裁判具有國家強制性，能夠保證其結果的實施才能真正達到定紛止爭、解決衝突的目的。對於公民權利受到侵害向司法尋求救濟的時候，也只有國家強制力的保障下，才能真正實現救濟權利的功能。

5. 司法結果有法定文書

司法機關在運用法律解決某一具體案件的時候，必須有表明法律適用結果的非規範性法律文件，如判決書、裁定書。司法文書對當事人有法律約束力，當事人必須執行。如果對司法文書的內容有異議還可以根據程序上訴或申訴。

(三) 司法權

司法權是國家權利的重要組成部分，是指國家特定的專門機關依法所享有的將法律適用於具體案件並對案件作出裁判的權力。

司法權在近代古典憲政理論中有重要的地位，司法權作為三權之一，平衡和制約立法權、行政權，法律適用的過程也是社會正義能得以實現的重要途徑。司法實質上是通過判斷進行社會矯正、社會救濟性質的權力。

正是因為其社會矯正、社會救濟的性質，與立法權和行政權的主動性不同，司法權具有強烈的消極性、中立性和獨立性。「不告不理」是其基本原則，司法權是不能夠隨意主動地介入當事人之間權利和義務關係之中的，只有向司法權尋求救濟時，司法權才能啟動。也正是因為發揮著裁判的功能，司法權需要中立性，只有嚴格遵循中立的原則才能做到裁判的公正，裁判的結果才可能是公正的。也正是為了保證裁判結果的公正性，司法權要獨立行使，不能夠受到其他國家機關、社會組織、個人的不當干擾。

司法權也具有終局性，這是指相比於立法權和行政權，只有司法權所做的判斷才是具有最終意義的，即對一個衝突或糾紛，立法權、行政權所做的判斷都可能是待定的。要是司法權對其做出了判斷，該判斷的效力才是既定的、終局的。例如司法審查制就是對立法決策效力的再審查，行政訴訟是對行政判斷的再審查。另一方面終局性也表現在司法的「一事不再理」上，一旦司法做出了最終的裁判，一般就不能再對這一爭端納入司法的審查範圍了，對這一爭端的處理結果具有終局的意義。

二、法律適用的基本原則

(一) 司法公正原則

法律的正義價值在司法中最直接的體現就是司法公正。司法作為社會矯正和社會

救濟的手段，司法公正是司法的終極目標和最高理想。一般來說司法公正包括實體公正和程序公正，不僅要在處理的實體結果上達到公正，司法的程序同樣要公正。程序具有獨立於實體的價值，程序的公正也是司法結果具有正當性的表現之一。

一般來說司法公正應該具有以下的內容：與案件有關的人不能成為裁判者；裁判的結果應該與裁判者的利益無關；裁判者不應存在偏見，要公平地關注雙方當事人的訴訟請求，聽取雙方當事人的論據和證據；裁判者應在一方當事人在場的情況下聽取另一方當事人的意見，雙方當事人應有公平的機會反駁另一方提出的論據和證據；裁判的依據應根據法律或符合法律的理性推理。

(二) 以事實為依據，以法律為準繩原則

「以事實為依據」是指適用法律要做到實事求是、一切從實際出發。法律適用必須以現實的客觀情況為依據，不能靠主觀想像。因此對於證據的調查研究都要謹慎，一切的判斷都是建立在客觀事實的基礎之上的。

「以法律為準繩」指司法機關對於具體案件的裁判，必須要嚴格按照法律的規定，在程序上要嚴格遵守法律的規定進行訴訟程序，在實體上要按照法律對於權利和義務責任等的明確規定加以裁判，司法者不能夠因為其認為是惡法而拒絕適用，一切的判斷都要有法律上的依據。

(三) 司法機關獨立行使職權原則

根據中國憲法的規定，人民法院、人民檢察院依照法律規定獨立行使國家的審判權和檢察權，不受行政機關、社會團體和個人的干涉。這是指，首先司法權只能由國家司法機關統一行使，其他任何機關組織機構個人都無權行使此項權力；其次司法機關依法獨立行使職權，不受其他行政機關、團體和個人的干涉；最後司法機關處理案件，必須依照法律規定，準確適用法律。

這項原則是司法權的行使能夠真正保持中立、司法結果能夠真正公正的重要條件，司法權要制衡立法權和行政權，司法要能夠救濟權利、維護社會公平，只有能夠不受不法干涉的正當行使才有可能。

但是司法機關獨立行使職權只具有相對意義，並不是絕對的。司法機關同樣要受到國家權力機關及上級司法機關的監督。

(四) 司法平等原則

司法平等原則是憲法上的「法律面前人人平等原則」在司法適用上的體現，司法平等是司法能公正的前提。

在中國，司法平等原則主要含義是：①司法機關依法行使司法權，法律統一適用於全體公民，而不以公民在民族、種族、性別、職業、社會出生、宗教信仰、財產狀況等方面的差異而有任何不同。②司法的目標是實現公民依法享有的同等權利和承擔同等的義務。對任何公民的合法權益，包括被依法剝奪了政治權利的公民的其他合法權益，都應該依法加以保護。對一切公民的違法犯罪行為，不管他們的社會地位、家庭出身、政治面貌、才能、業績如何，都應秉公處理，一視同仁。③在司法過程中，

公民的訴訟權利評定。在程序意義上，不允許有不受程序法約束的特殊公民，不允許任何人有超越程序法之上的特權。

需要注意的是，司法平等並不排除在法的規定範圍內差別對待。法律本身也賦予了司法權一定的自由裁量權，可以根據實際情況做出具體的處理，而不是「一刀切」地追求平等。另外，司法平等是指使用法律的平等，並不指立法上的平等。司法平等是所有人在適用法律的時候平等地適用。

（五）司法責任原則

司法責任原則是指司法機關及其公職人員在行使司法權的過程中侵害了公民、法人或其他社會組織的合法權益，造成一定後果就要承擔責任。

根據國家權力和責任相一致的原則，為了制約權力，不允許權力被濫用，要求權力的行使如果侵犯了社會、公民的合法權益，都應該承擔相應的責任。這是為了更好地約束權力，增強司法機關和公職人員的責任感，謹慎地行使權力，防止司法過程中的違法行為。而在司法過程中出現的侵害合法權益造成一定的後果，也有了相應的救濟辦法，公民的權利能夠更好地得到保障。諸如冤罪損害賠償制度，這些都是這一原則的體現。

三、執法與司法的區別

（一）主體不同

司法是由司法機關及其公職人員適用法律的活動，在中國司法主體只能是法院和檢察院，其他任何主體都不能進行司法活動。執法一般是行政機關及其工作人員執行法律的活動，執法的主體和司法主體是不同的。

（二）兩者的對象不同

司法的本質是一種判斷，是對刑事、民事或行政案件及各類司法裁判的糾紛進行審查或檢察監督，作出裁判。而執法是一種管理，行政機關以國家的名義對社會進行組織、協調、管制和服務，行政管理的事務涉及社會生活各個方面，執法的對象遠比司法廣泛。

（三）兩者的程序性要求不同

司法活動要遵循嚴格的程序法規定，如果違反將導致司法裁判的不合法，結果往往是無效的，從而要承擔一定的法律責任。而大部分執法活動雖然也有相應的程序性規定，但為了提高執法的效力，執法程序設計沒有司法程序那樣嚴格和複雜。

（四）兩者的地位不同

司法活動具有被動性，審判活動要貫徹「不告不理」原則，案件的發生、糾紛的產生和當事人的請求是引起審判活動的前提，裁判時要貫徹中立性原則，做到不偏不倚、中立客觀。而執法活動具有較強的經常性和主動性，行政機關應積極地依法實施行政管理的職能，在處理社會矛盾或糾紛時也具有一定的傾向性，這是行政機關履行社會事務職能的性質所決定的。

第十章　法的監督

第一節　法律監督概述

一、法律監督釋義

沒有監督，法律的制定和實施都是沒有任何保障的狀態，只有立法、行政、司法並不能使法律能有效地運行和貫徹，必須要有法律監督，才能真正地保證這些權力都能正確地行使，法律能夠真正地達到法治要求的目的。

法律監督有廣義和狹義之分。廣義的法律監督，指一切國家機關、社會組織和公民對各種活動進行評價和督導，其主體和客體涵蓋了一切的社會主體。狹義的法律監督專指有關國家機關依照法定職權和法定程序，對立法、執法和司法活動的合法性進行監察和督促。

法律監督是民主政治的必然要求，權力存在著異化的可能性，只有有效的法律監督，才能保證權力的運行是符合人民民意的。法律監督也是防止權力腐化的有效手段，權力只有被有效監督的時候，才算是被「關在了籠子裡」，否則隨時都可能有濫用權力的危險。同時法律監督也是真正能夠落實法律的行為，法律的制定到實施，是否符合民意，是否達到法治的要求，都只有通過法律監督才能得知，也只有有效的法律監督，才能使法律真正地按照法治要求運行。

二、法律監督的構成要件

法律監督的構成要素包括主體、客體、內容和方式。

法律監督的主體就是法律監督行為的實施者，即依法享有法律監督權的國家機關、組織和個人。

法律監督的客體是法律監督對象的行為，也是法律監督主體行使職權的範圍。在當代中國，法律監督的客體主要包括進行各種法律活動的所有國家機關和武裝力量、各政黨和社會團體、各企事業單位、全體公民。也就是所有人的行為都必須受到法律的監督。尤其是對國家機關及其工作人員的公務活動的監督，這是法治的重要內容，是對公權力的監督。

法律監督的內容非常廣泛，應當與法律的覆蓋面相適應，內容包括法律的制定、遵守、執行和適用，貫穿於法律制定實施的全過程，所有與法律制定實施有關的內容都應該是法律監督的內容。其中對於國家機關及其工作人員的職務行為的監督是法律

監督的主要內容。

法律監督的方式，就是法律監督的方法、程序等。

以上四個要素加以概括，就是誰監督、監督誰、監督什麼和怎樣監督。

三、法律監督的制度模式

法律監督的制度模式可以分為國家監督和社會監督。

社會監督是一種非國家性質的監督，指國家機關以外的各種社會力量對國家機關所實施的監督。其特點在於監督的主體是社會，監督的內容是國家機關及其工作人員的法律活動，監督的方式靈活多樣，監督主體的行為指代表本組織或個人而不代表國家。

國家監督又稱為法定監督，是由國家機關或國家機關授權的團體組織實施的具有特定的監督對象、內容和範圍，使用法定的監督方式並產生必然的監督後果的法律監督形式，包括立法監督、檢察監督、審判監督和行政監督。國家監督是依靠強制力而進行的監督，監督的主體和對象都是國家機關，監督的方式是法定的，必須依照法定程序進行監督。

第二節　國家法律監督

法律的國家監督是一種法定的監督，是國家機關以國家的名義進行的，由國家強力保證實施的、具有法律效力的監督。國家監督在整個法律監督體系中佔有特殊的地位，監督的主體是國家機關，一般指國家權力機關、行政機關、司法機關，監督的方式、權限、範圍、程序、效力等都是由法律做出明確的規定。這種監督構成中國法律監督體系的核心。

一、國家權力機關的監督

權力機關的法律監督，是各級權力機關對法律的制定和實施的合法性進行的監督，包括監督立法活動和監督執法、司法活動。在中國，就是指國家權力機關——全國人民代表大會及其常務委員會和地方各級人民代表大會及其常務委員會不僅享有立法權，也享有法律監督權，其監督權針對行政機關、司法機關等所有的國家機關。

根據憲法和法律的規定，中國的國家權力機關的監督主要有兩種：

(一) 對立法活動的監督

對立法活動的監督是指國家權力機關對制定規範性法律文件的權力行使進行的監督，其目的是保證國家法制的統一。主要有：①全國人民代表大會有權改變或撤銷全國人民代表大會常務委員會不適當的決定。縣級以上地方各級人大有權改變或撤銷本級人大常委會不適當的決定。②對國務院制定的行政法規、決定和命令的監督，全國人民代表大會常務委員會有權撤銷國務院制定的同憲法、法律相抵觸的行政法規。縣

級以上地方各級人大常委會有權撤銷本級人民政府不適當的決定和命令，撤銷下一級人大不適當的決定。③對省、直轄市的人民代表大會制定的地方性法規和民族自治地方的人民代表大會制定的自治條例和單行條例的監督。全國人民代表大會常務委員會有權撤銷省、自治區、直轄市權力機關制定的同憲法、法律和行政法規相抵觸的地方性法規和決議。④對同外國締結的條約和協定進行監督。中國同他國締結的關於政治、經濟、文化、軍事、法律等方面的條約和協定，也是中國法律淵源之一，全國人民代表大會常務委員會有權批准或廢除中國同外國締結的條約和協定，也是權力機關法律監督的一種。⑤對授權立法的監督。包括對授權國務院制定的暫行規定和條例的監督和對授權制定的經濟特區的各項單行經濟法規的監督。

監督這些規範性法律文件不得同憲法、法律等相抵觸，保證法制的統一，並且立法的權限和過程也必須符合法律的規定。

(二) 對實施法律活動的監督

對實施法律的活動的監督就是對於行政和司法的監督，目的在於督促行政和司法機關正確、有效地執行憲法和法律，其對象是行政機關的執法活動和司法機關的適用法律的活動。根據憲法和法律的規定，各級的行政、司法機關對產生它的同級權力機關負責並受其監督。權力機關監督的方式有：聽取工作報告和匯報，提出詢問和質詢，視察和調查，提出批評、建議和受理申訴檢舉，罷免有關人員的職務等。

應該注意的是，權力機關對於司法機關的監督，應當考慮司法的終局性、中立性和獨立性，注重司法活動的專業性，不能將監督變為對司法的干預。

二、國家行政機關的監督

行政機關的法律監督，是行政系統內部上級機關對下級機關、專門監督機關對其他機關及其工作人員行政行為合法性的監督。它包括有關機關制定規範性法律文件合憲性的監督，以及行政管理行為合法性、合理性的監督。它根據不同監督主體，分為領導監督和專門監督。

領導監督就是上級政府對下級政府，各級政府對其工作部門和工作人員的監督，是行政系統內部上級對下級公務行為的監督。這種監督一般是通過行政復議的方式。專門監督又叫行政監察，是通過專門的行政監察機構，運用國家權力，實行自上而下、事後的、被動的監督檢查。行政監察部門通過行使專門的行政監察權保證其他的行政機關的依法行政，這種行政檢察權主要包括檢查權、調查權、建議權和一定的行政處分或行政處罰權。行政監察部門本身就是行政機構中的一個職能部門。中國憲法規定監察部作為國務院的專門檢查機構，對中央和地方各級行政機構的行政活動及官員個人是否守法進行監督，地方各級監察部門也有相應的職能。

三、國家檢察機關的監督

中國憲法和法律明文規定：人民檢察院是國家法律監督機關，其主要職能是法律監督。它通過行使檢察權，對適用法律的行為進行監督。檢察機關對法律適用活動的

監督是最廣泛的監督形式。

目前中國監察機關的監督主要包括：①對偵查機關及其活動的監督。檢察機關對公安機關和國家安全部門的活動是否合法進行監督。比如對公安機關立案活動的監督，對直接受理的刑事案件的監督，對公安機關、國家安全機關偵查的案件進行審查並決定是否逮捕、起訴。②對審判機關的監督。表現為檢察機關認為法院的裁判有錯誤時，可以向上級人民法院抗訴，而上級人民檢察院對下級人民法院已經發生法律效力的判決，如果發現錯誤的，有權按照審判監督程序提出抗訴。③對刑罰執行機關及司法行政活動進行監督。表現為對監獄、看守所的監督，如果發現違法行為，通知主管機關即司法行政機關予以糾正。④對其他行政活動的監督。只要在檢察權的範圍之內，檢察機關都可以通過使檢察權對任何國家機關的職責活動是否合法進行審查監督。比如對貪污罪、瀆職罪等可以立案偵查、決定起訴等。⑤對自身的監督。檢察機關對自身執法活動的監督表現為憲法規定的上級檢察機關對下級檢察機關的指揮監督，糾正下級檢察機關的違法行為。

四、國家審判機關的監督

審判機關的法律監督是審判機關對適用法律的過程進行監督。

1. 審判機關對自身審判活動的監督

兩審終審制、死刑復核制度都是審判機關的內部監督。上級法院對上訴的裁判是一種內部監督。最高法院對地方各級法院和專門法院已經發生法律效力的判決和裁定、上級法院對下級法院已經發生法律效力的判決和裁定，如果發現確有錯誤，有權替審或指令下級法院再審。死刑案件除由最高法院直接判決的以外，均報送最高法院核准。

2. 審判機關對行政機關的監督

審判機關對行政活動的監督主要體現在行政訴訟上，通過行政訴訟的審判活動，對行政機關的法律適用過程進行監督。

3. 審判機關對檢察機關的監督

法院對公訴案件進行庭前調查，對「主要事實不清，證據不足」的案件，建議檢察機關補充偵查，等等。

第三節　社會法律監督

法律的社會監督是運用各種社會力量對法律的制定和實施進行監督，其監督主體和客體都具有最大的廣泛性，是社會組織、團體、個人對執法、司法和守法行為進行最廣泛的監督。主要包括政黨監督、政協監督、社團監督、輿論監督、公民監督等方式。雖然不具有直接的法律約束力，但是社會法律監督是國家法律監督的基礎。

一、政黨監督

政黨監督包括執政黨的監督和參政黨的監督。

中國共產黨在中國處於領導地位，對國家各個方面都起著監督的作用。一方面體現在對國家機關的領導來實現監督。黨通過領導人民制定憲法和法律，把黨的路線、方針、政策上升為國家意志；通過各級組織（包括各級紀律檢查委員會）對行政機關和司法機關進行領導和監督。另一方面通過對黨員的監督，督促廣大黨員、幹部遵守法律，對違法失職、瀆職分子進行處分處理。

各民主黨派是參政黨，在中國共產黨的領導下參與國家的路線、方針政策的制定和憲法、法律的制定和實施，其進行監督的方式主要是對立法、行政、司法提出意見和建議。

二、公民監督

公民監督這裡指公民的直接監督，公民可以通過行使民主權利，表達自己的意願，督促國家機關依法辦事。在現代法治國家，奉行人民主權的憲政法治原則，每一個公民都是政治權利的主體和國家的主人，都有資格成為監督的主體。公民通過對國家機關和工作人員的工作提出批評建議，對違法失職的國家機關和工作人員的間接揭發來行使民主監督的權利。公民監督並沒有強制力，需要通過法定渠道到達國家機關的法律監督中去，才可能產生法律效果。國家機關和社會組織設立的人民來訪接待站、信訪組等都是公民行使監督權的途徑。

三、社會輿論監督

社會輿論監督是新聞媒體利用廣播、電視、網路、報紙雜誌等大眾傳媒，對國家立法和實施法律的活動進行監督。輿論監督雖然沒有法律強制力，但是由於它傳播速度快、影響大、範圍廣，對被監督者形成強大的壓力，也被稱為第四種權力，對於違法亂紀行為的監督起著重要的作用。

輿論監督的主要方式是：對國家機關及其工作人員的違法失職行為和不當行為曝光、評論和批評，促使其及時糾正；通過民意調查瞭解公民對現行法律及其實施的評價；以內部報告的形式直接向有關機關反應民意。

四、社會團體監督

社會組織包括各政治團體、社會團體、企事業單位、群眾組織等，其監督不具有法律上的強制效力，但是也是社會法律監督體系中的重要力量。

社會團體行使監督的主要方式是批評、建議、申訴、控告、檢舉和協商對話，比如參與制定一些法律、提出意見等。

習題及答案

第一章　法的概念

一、關鍵詞解釋

1. 法
2. 法律本質

二、選擇題

1. 在階級對立的社會中，法律的本質是（　　）
   A. 統治階級賴以存在的物質基礎　　B. 物質生活條件以外的其他因素
   C. 統治階級意志的體現　　　　　　D. 法的強制性
2. 法律命令說是誰最先提出來的（　　）
   A. 奧斯丁　　　　　　　　　　　　B. 盧梭
   C. 洛克　　　　　　　　　　　　　D. 菲利

三、簡答題

1. 闡述法的本質的相關學說
2. 法的本質的三個層次

答案：

一、1. 答：法又稱法律。廣義的法律是從抽象意義上而言的，指法的整體，包括國家制定的憲法、法律、行政法規等規範性文件和國家認可的判例、習慣等。狹義的法律專指由擁有立法權的國家機關依照立法程序制定的規範性法律文件。

2. 答：法的本質是指法的內部聯繫，是法區別於其他一切事物的根本屬性。

二、1. C　2. A

三、1. 答：具有代表性的學說有：「法律命令說」「人民公意說」。

法律命令說是由分析法學派提出來的，認為法律是主權者的命令。英國法學家約翰・奧斯丁認為，法律的本質是主權者的命令。其為了界定法學的研究範圍，認為只有實際存在的由人制定的法才是準確意義上的法，將道德從法律中剝離出去，讓法學成為一門獨立的學科，因此提出法律命令說，認為法律是政治上處於優勢地位的人對

劣勢者的命令。

人民公意說是由古典自然法學派法學家盧梭提出來的。盧梭認為法律是公意的行為，公意是經過理性抽象而來的，不同個別人的意志，是每個人意志的提煉，是理性的產物。這是由盧梭的人民主權、社會契約論而來的，因為國家是每個個人讓渡個人的部分權利換來國家的成立，因此法律也應該是公意的產物，應該是每個人意志的集合。

2. 答：馬克思主義法理學分析了法與社會物質生活條件之間的關係，揭示了法與統治階級意志之間的內在聯繫，強調法是統治階級意志的產物，科學地揭示了法的本質。

（1）法律是國家意志的一種表現形式。

（2）法律體現為掌握國家政權的社會集團的意志，同時也保障社會公益。

（3）法律所體現的意志歸根結底根源於社會物質生活條件。

第二章 法的淵源與法律分類

一、關鍵詞解釋

1. 法律淵源
2. 不成為法和成文法
3. 實體法和程序法

二、選擇題

1. 下列關於成文法和不成文法的表述，哪些不正確？（　　）
   A. 不成文法大多為習慣法
   B. 判例法儘管以文字表述，但不能視為成文法
   C. 不成文法從來就不構成國家的正式法源
   D. 中國是實行成文法的國家，沒有不成文法
2. 以下關於法律淵源的判斷正確的有（　　）
   A. 無論在什麼國家，制定法都是唯一的法的淵源
   B. 法律淵源的概念有利於人們辨認什麼是法，什麼不是法
   C. 習慣、法理、學說等都是法律的次要淵源
   D. 經濟基礎是法律淵源之一

三、簡答題

1. 簡述法律的分類

四、論述題

1. 中國的法律淵源

答案：

一、1. 答：法的淵源又叫法源，其含義要區分廣義和狹義，也要區分實質意義上的法源和形式意義上的法源。實質意義上的淵源是指法的來源，是影響法律的政治、經濟、文化、歷史等。形式意義上的淵源是指法的效力來源，包括法的創制方式和外部表現形式。

2. 答：成文法是經有立法權的國家機關制定或認可，並以法律條文作為表現形式的法律的總稱。不成文法指不具有法律條文形式，但國家認可其具有法律效力的法。

3. 答：實體法和程序法是根據法律的內容和功能的不同做出的劃分。實體法是規定法律關係主體之間的權利與義務關係、職責與職權關係的法律，如民法、刑法等。程序法是規定保證實體權利與義務、職責與職權得以實現的方式和手段的法律，如民事訴訟法、刑事訴訟法。

二、1. ABC　2. BC

三、1. 答：法律有一般分類和特殊分類，一般分類針對所有的法律制度，而特殊分類針對部分法律。從一般分類的角度：按照是否有明確的法典條文形式，可以將法律分為成文法和不成文法。根據法律的效力和地位，可以將法律分為普通法和根本法。根據法律的內容和功能的不同，可以將法律分為實體法和程序法。根據立法機關和法律效力，可以將法律分為國際法和國內法。根據法律的適用效力範圍，可以將法律分為一般法和特別法。從特殊分類的角度：大陸法系國家將法律分為公法和私法，英美法系國家對法律可以劃分為普通法和衡平法，聯邦制國家分為聯邦法和聯邦成員法。

四、1. 答：中國的法律淵源是指法的具體表現形式，即由中國不同的國家機關制定或認可的，具有不同法律效力和地位的各種法的表現形式。

根據憲法和有關法律的規定，當代中國的法的淵源主要有以下幾種。

（一）憲法

作為法律淵源的憲法，是國家的根本大法，具有最高的法律效力，是其他一切法律的立法依據，其指定和修改程序也和一般的法律不同。

憲法在內容上，規定的是國家和社會生活中最根本的問題，包括國家性質、基本政治制度、基本經濟制度、公民的基本權利和義務以及國家機構的組成和活動原則等，涉及了國家社會生活中方方面面，但都是指導性和原則性的規定，和具體的法律規範所作出的具體的法律規定有所不同。

憲法在制定修改程序上也和一般的法律不同。其制定和修改是最高權力機關——全國人民代表大會，通過特別的程序進行的，具有更高的權威性、穩定性。

（二）法律

這裡的法律是指狹義上的法律，即由中國全國人民代表大會及其常務委員會按照法定職權和法定程序指定的規範性法律文件。法律是中國主要的法律淵源之一，其地位僅次於憲法。狹義上的法律依照制定主體和調整範圍的不同，可以分為基本法律和基本法律以外的法律。

基本法律是全國人民代表大會制定和修改的涉及國家和社會生活中某一方面帶有

普遍性的社會關係的法律，如《刑法》等。在全國人民代表大會閉會期間，其常務委員會有權對基本法律進行部分補充和修改，但是不能同該法律的基本原則相抵觸。

基本法律以外的法律，是由全國人民代表大會常務委員會制定和修改的「除應當由全國人民代表大會制定的法律以外的其他法律」（《憲法》第六十七條）。此外，全國人民代表大會所作出的決議和決定，如果其內容屬於規範性的規定，而不是一般宣言或委任令之類的文件，也被視為狹義的法律。

無論是基本法律還是基本法律以外的其他法律，其法律效力和地位都僅次於憲法，而高於行政法規、地方性法規、自治條例和單行條例等。

（三）行政法規

行政法規是重要的法的淵源，其地位僅次於憲法和法律。行政法規是由國務院制定的有關國家行政管理活動的規範性法律文件的總稱。國務院所發布的決定和命令，凡是有規範性內容和性質的也屬於法的淵源，與行政法規具有同等的法律效力。

根據《立法法》的規定，「本法第八條規定的事項尚未制定法律的，全國人民代表大會及其常務委員會有權做出決定，授權國務院可以根據實際需要，對其中的部分事項先制定行政法規，但是有關犯罪和刑法、對公民政治權利的剝奪和限制人身自由的強制措施和處罰、司法制度等事項除外。」由此可見，國務院可以根據授權制定某些原本屬於全國人民代表大會及其常務委員會立法權限的法，這稱之為「授權立法」或「委託立法」。但必須注意，授權立法也有限制，即有關犯罪和刑罰、涉及公民政治權利和人身自由權以及司法制度等方面的事項不得授權。

1. 軍事法規和軍事規章

軍事法規也是中國法律的一個重要淵源，其地位相當於國務院的行政法規。根據中國憲法的規定，其由中央軍事委員會發布。軍事法規在武裝力量內部實施。

2. 地方法

地方性法規的效力只能在該制定機關所在區域內部發生，其分為一般地方法和特殊地方法。

一般地方法又叫地方性法規，是指由各省、直轄市以及省政府所在的市和國務院批准較大的市的人民代表大會及其常務委員會制定的規範性的法律文件，它們不得與憲法、法律相抵觸。省一級的地方性法規要報全國人民代表大會常務委員會和國務院備案，較大的市的地方性法規由省、自治區的人大常委會報全國人民代表大會常務委員會和國務院備案。

特殊地方法又包括以下三種：

（1）民族自治地方的自治條例和單行條例。根據《憲法》《中華人民共和國民族區域自治法》和《立法法》的規定，自治區、自治州和自治縣的人大有權按照當地民族的政治、經濟和文化特點制定自治條例和單行條例。自治條例和單行條例可以依照當地民族的特點，對法律和行政法規的規定做出變通規定，但不得違背法律或者行政法規的基本原則，不得對憲法和民族區域自治法律規定以及其他有關法律、行政法規專門就民族自治地方所做的規定做出變通規定。

（2）經濟特區的單行經濟法規。廣東省、福建省、深圳、海南省等地方，先後經

全國人民代表大會及其常務委員會授權制定所屬經濟特區的各項單行經濟法規。

(3) 特別行政區的法律。特別行政區法是指特別行政區的國家機關依法制定或認可的，在特別行政區內具有普遍效力的法律規範的總和。

由於中國「一國兩制」的實施，全國人民代表大會於 1990 年和 1993 年先後通過了《中華人民共和國香港特別行政區基本法》和《中華人民共和國澳門特別行政區基本法》。以香港特別行政區為例，依照香港特別行政區基本法的規定，香港特別行政區的立法會是香港特別行政區的立法機關，立法會根據基本法律規定並依照法定程序制定、修改和廢除香港的法律。特別行政區立法會制定的法律須報全國人民代表大會常務委員會備案，但備案不影響該法律的生效。由於特殊的歷史原因，香港特別行政區的法的淵源還有其他形式，如原有的判例法、習慣法等。基本法規定，這些法律除與基本法抵觸或經香港特別行政區的立法機關做出修改外，予以保留。

3. 部門規章和地方政府規章

部門規章是指國務院各部、委員會、中國人民銀行、審計署和具有行政管理職能的直屬機構為執行法律和國務院的行政法規、決定和命令，在本部門的權限範圍內所制定的規範性法律文件。地方政府規章是指省、自治區、直轄市和較大的市的人民政府所制定的規範性法律文件。

關於規章的效力，一般認為，規章是部門行政機關或地方行政機關制定的，對於人民法院的審判活動不發生必然拘束力，人民法院沒有必須使用規章的責任。根據《行政訴訟法》的相關規定，人民法院對於規章是參照適用，在進行司法裁判的時候，沒有法律、法規對相應問題做出明確、具體規定，且人民法院通過適當審查，認為相應規章對相應問題做出的規定是明確、具體並且不與法律、法規、法理相違背的情況下，可依據此種規章處理具體案件。

部門規章的效力低於行政法規，地方政府規章的效力低於本級地方性法規，省、自治區人民政府制定的地方政府規章的效力高於本行政區域內較大的市的人民政府制定的地方政府規章，部門規章之間、部門規章與地方政府規章之間具有同等效力，在各自的權限範圍內實行。如果地方性法規與部門規章之間對統一事項的規定不一致，不能確定如何適用時，由國務院提出意見，國務院認為應當適用地方性法規的，則決定在該地方適用地方性法規的規定；國務院認為應當適用部門規章的，必須提請全國人民代表大會常務委員會裁決。如果部門規章之間、部門規章與地方政府規章之間對同一事項的規定不一致時，由國務院裁決。

4. 國際條約和國際慣例

成為中國法律淵源的國際條約，必須是中國同外國締結或者中國加入並生效的國際法規範性法律文件，而且中國聲明保留的條款除外。這種國際條約不屬於中國國內法律的範疇，但是依然是中國法的淵源之一。

國際慣例在一定條件下也可以成為中國法的淵源，根據《民法通則》的規定，適用國際慣例的條件是不與中國社會公共利益相違背。

第三章　法律結構和法律效力

一、關鍵詞解釋

1. 法律結構
2. 法律的空間效力
3. 法不溯及既往

二、選擇題

1. 在下列有關法律規則和法律條文關係的表述中正確的是（　　）
   A. 法律條文由法律規則體現出來
   B. 一個法律規則就等於一個法律條文
   C. 一個法律規則不能包括在幾個法律條文中
   D. 一個法律條文可以包括幾個法律規則在內
2. 下列哪些規範性法律文件在全國範圍內有效？（　　）
   A. 行政法規　　　　　　　　B. 特別行政區基本法
   C. 部門規章　　　　　　　　D. 地方性法規

三、簡答題

1. 闡述法律的溯及力的內涵

四、論述題

1. 簡述法律的效力

答案：

一、1. 答：法律結構是指各個必備的法律要素有機構成的法律系統。

2. 答：法律的空間效力是指法在哪些領域內有效，即法律規定其法律效力所指向的空間範圍或地域範圍。

3. 答：法不溯及既往是指法律不能夠適用其生效以前的事件和行為。

二、1. D　2. A

三、1. 答：法律溯及力又叫作法律的溯及既往的能力，指生效的法律對其生效之前的事項是否有效力。如果對其生效之前的事項依然適用，則叫法律有溯及力，反之則是沒有溯及力。

現代的法治理念將「法不溯及既往」作為一般的原則，但是也不絕對，各國普遍也承認「有利既往」的原則，即法律一般對其生效之前的事項是沒有效力的，但是如果新法對先前行為的任何一方都是有利的，那麼也適用。比如中國的刑法，也是遵循

「從舊兼從輕」的原則，對於刑法生效以前的行為是沒有效力的，不能認定其有罪，但是如果是當時認定有罪或者規定的刑罰更重，那麼就適用新法認定無罪或從輕的處罰。

四、答：

（一）法律效力釋義

法律效力是指法律的保護力和拘束力，是國家對於其制定的法律中所調整的範圍內的主體保護或者加以約束。

（二）法律效力的等級

法律效力的等級指法律效力的位階，關係著法律怎樣適用，不同法之間的衝突應該判定誰的效力更高。一般來說遵循著以下四個原則：

（1）憲法具有最高的法律效力。憲法作為一個國家的根本大法，具有普遍的拘束力，所有人都應該遵循著憲法活動；具有最高的法律效力，其他法律都是根據它的規則進行具體的規定，不能跟其產生衝突，跟憲法相抵觸的法律都是無效的。

（2）上位法優於下位法。根據法律制定主體來確定法律的等級序列，除特別法之外，一般法律制定主體的地位高，法律也就處於上位，上位法的法律效力也大於下位法，下位法不得與上位法相衝突。

（3）後法優於前法。同一制定機關在不同時間針對同一事項制定了相衝突的法律，後頒布的法律效力更高，優先適用後法。

（4）特別法優於一般法。當同一主體針對同一法律事項，既制定了一般法，又制定了特別法，應當優先適用特別法。需要注意的是這一原則針對的是同一主體，如果是不同主體，還需要考慮法律的位階關係。

分清不同法律的效力高低，主要是為了司法實踐中的適用，針對不同法律之間的衝突，怎樣選擇合適的法律進行適用。

（三）法律效力的範圍

法律效力的範圍是指法律的效力所能夠發生作用的範圍，包括時間範圍、空間範圍、對象範圍等。

1. 法律的對象效力範圍

法律的對象效力範圍是指法律對什麼主體產生效力，也稱為法律的對人效力。這裡的「人」是指廣義上的人，不僅包括自然人，也包括法律所擬制的人，如企業、國家機關等。

確定對象效力範圍的原則，一般包括：①屬人原則。即以自然人和擬制人的國籍為標準，只要是本國的國籍，不管在何地因何事，都發生保護力和拘束力。這種原則可以最大限度地保護本國人，但不能管轄本國的外國人。②屬地原則。即以主體所處的地域範圍為標準，法律的效力遍及本國的所有領域，不論是本國人還是外國人或無國籍人。該原則能夠使法律在本國範圍發揮最大的效力，解決了外國人、無國籍人在本國的管轄的問題，但是對於在外國的本國人，就無法進行有效的保護。③保護主義原則。該原則以本國利益為優先，只要是符合保護本國利益這一條件，都有管轄權。該原則之下可以最大限度地保護本國的利益，但是與其他國家在本國上行使主權的行為相衝突，實際上實現的時候有很大的局限。④折中主義原則。即以屬地原則為主，

結合屬人原則和保護主義原則來確定本國法律的對象效力原則。

當代中國的法律對象效力範圍也是根據折中主義原則來確定的。首先，對於中國公民，在中國領土範圍內的所有事項都適用中國的法律，在外國的行為原則上也適用中國的法律。對於外國人或無國籍人，在中國領土上的行為受到中國法律的管轄，在中國領土範圍以外的事項，中國法律有條件地進行管轄。

2. 法律的事項效力範圍

法律的事項範圍原則指法律對於管轄範圍的哪些行為和事項能夠發生效力。

法律的事項效力範圍一般包括以下幾個原則：

（1）確定發生效力的事項範圍。即事項法定的原則，一般情況下，有法律明文作出規定的事項才能發生效力，如果法律對此並沒有相關規定，就不能產生拘束力。但是在特殊情況下，如法律允許類推的情形下，可以對某些法律並沒有明確作出規定的事項也適應相關規定，並產生相應的效力。

（2）一事不再理原則。指同一機關不能受理同一當事人就相同的事所作出的兩次或兩次以上相同的法律請求。該原則既是維護司法的穩定性和權威性，又是節約司法資源的規定。

（3）一事不二罰的原則。指對同一行為，不得做出兩次或兩次以上性質相同或同一罪名的處罰。當然對同一行為可以做出兩次及以上的性質不同的處罰，比如對同一犯罪行為，可以做出刑法處罰，還可以要求民事上承擔責任、做出行政處罰。

3. 法律的時間效力範圍

法律的時間效力範圍是法律針對的是什麼時間內的人和事，包括了生效時間、失效時間和追溯力三個問題。

（1）法律的生效時間

法律的生效時間一般有兩種規定。一種是法律公布之日即實行生效之日，如《中華人民共和國國籍法》規定「本法自公布之日起施行」。另一種是法律明文規定在特定的時間起開始生效。為了讓人們對即將施行的法律有一個瞭解，法律往往會在公布後過一段時間才開始實施生效。

（2）法律的失效時間

法律的失效是指法律終止效力。法律失效的形式分為明示失效和默示失效。明示失效是新法或相關法律文件中明確規定舊法被廢止。默示失效是新頒布生效的法律和舊法產生衝突的地方，自動適用新法的規定，舊法的相關部分就自動失效，即「新法優於舊法原則」。

（3）法律溯及力

法律溯及力又叫作法律的溯及既往的能力，指生效的法律對其生效之前的事項是否有效力。如果對其生效之前的事項依然適用，則叫法律有溯及力，反之則是沒有溯及力。

4. 法律的空間效力範圍

法律的空間效力範圍是指法律在什麼空間裡發生效力，即生效的地域範圍。一般來說，法律的效力及於一個主權國家的全部領域，包括領土、領海、領空以及領土的

延伸領域（如駐外使領館等）。

法律的空間效力一般包括兩種情形。①法律的域內效力。指法律在一個主權國家的領域內都是有效力的，而在其領域範圍外則是無效的。②法律的域外效力。指法律在其主權國家以外的領域也發生效力。現代國家基於尊重國家主權的原則，一般法律是不具有域外效力的，但是如果是通過簽訂國際條約或者根據國際慣例等，可能會允許國家的法律在相互之間都具有域外效力。

第四章　法的價值和法律行為

一、關鍵詞解釋

　　1. 法律行為
　　2. 抽象法律行為和具體法律行為

二、選擇題

　　1. 中性法律行為是指（　　）
　　A. 既不是合法行為又不是違法行為
　　B. 不能根據現行法律規定進行評價的行為
　　C. 合法行為
　　D. 違法行為

三、簡答題

　　1. 簡述合法行為和違法行為
　　2. 法的價值的含義

答案：

　　一、1. 答：法律行為是指具有法律意義和屬性，能夠引起一定法律後果的行為。
　　2. 答：按照法律行為的效力對象和生效範圍，可以分為抽象法律行為和具體法律行為。抽象法律行為是針對未來發生的不特定事項而做出的、制定和發布具有普遍性行為規範的行為，如立法行為。具體法律行為是針對特定對象，就特定的具體事項而做出的、只有一次性法律效力的行為，如司法機關對某一案件的判決。
　　二、1. AB
　　三、1. 答：根據行為是否符合法律的規定，將法律行為分為合法行為、違法行為和中性行為。
　　合法行為是按照法律的規定進行的行為，是法律所提倡的行為，行為人進行了這一行為後能夠得到法律的正面評價，可以得到自己預期的法律後果，比如簽訂合同的行為等。違法行為是行為人行使了與法律規定不一致的行為，該行為違反了國家現行

的法律規定、危害了法律所保護的社會關係，具有違法性和社會危害性，表現為不履行法律所規定的義務或者為法律所禁止的行為，包括一般的違法行為如違反交通管理規則和嚴重的違法行為如犯罪行為。該行為會得到法律的負面評價，給行為人帶來不利的法律後果，比如犯罪行為等。還有一種學者所提出來的中性行為，這種行為介於合法行為和違法行為之間，雖然沒有得到法律的允許，但也沒有被現行法律所禁止的行為。法律對這種行為沒有納入調整範圍，沒有辦法得到法律上的評價，包括法律不想干預的領域比如婚姻家庭關係中的有些情感領域，法律不是萬能的，也不能干涉社會生活的每個領域，有些社會關係只需要道德等的規範就好，不需要法律來強制干預；還包括法律漏洞領域，社會生活瞬息萬變，立法者也沒有辦法預見到所有社會生活會出現的新情況，在社會生活中已經產生但囿於立法的滯後性還沒來得及調整的行為。對於這種行為，如果行為人是公民個人，那麼一般遵循著「法無明文禁止即自由」，法律不會對其產生負面評價，要求其承擔法律後果；但是如果是國家機關等行使權力的時候所做的行為，則按照「法無明文授權即禁止」，需要為自己的中性行為承擔法律責任。

    2. 答：法的價值，就是法能夠滿足人類、社會、國家的需要。可以從三個方面去把握法的價值：

（1）法的價值是指法律在發揮其社會作用的過程中，能夠促進哪些價值的實現。例如安全、秩序、自由、平等、正義等，這些價值都是人們一直以來所追求的價值，法律發揮作用都是為了實現這些價值，這種價值是法律所追求的目標和理想，因此這種價值是法的目的價值。

（2）法的價值是在各種價值產生衝突和矛盾時法能夠借以進行評價的標準。在許多法學著作中，法的價值問題也就是法律評價的標準問題。我們可以把它稱為法的評價價值。

（3）法的機制是指法自身所體現的價值，這種意義上法的價值可以稱為法的形式價值。它並不是法律所追求的社會目標理想，而是法律本身所應當具備的價值，比如法律都應當邏輯嚴謹、簡明扼要、明確易懂等。這些是法律本身所應當具有的形式上的良好特徵。美國法學家富勒就曾把一般性、明確性、不矛盾性等八項稱為「法的內在道德」，屬於任何法律制度都應當具有的特徵。

第五章　法律關係與法律責任

一、關鍵詞解釋

    1. 法律責任
    2. 法律關係

二、選擇題

    1. 某市的市民公約規定「禁止踐踏花草，請愛護花草樹木」，違反此規定的行為

主體應承擔（　　）責任。

A. 法律責任　　　　　　　　B. 道義責任
C. 宗教責任　　　　　　　　D. 紀律責任

2. 下列哪些主體的法律責任可以被免除？（　　）

A. 超過訴訟時效的債權債務關係中的債務人
B. 在刑事案件中有重大立功表現的犯罪嫌疑人
C. 在刑事案件中犯罪情節顯著輕微的犯罪嫌疑人
D. 自訴案中原告沒有告訴的，被告之責任可以被免除

三、簡答題

1. 法律責任的歸責原則

四、論述題

1. 法律關係的構成要素

答案：

一、1. 答：法律責任是一種特殊意義上的義務，是由違反第一性的義務而引起的第二性的義務。

2. 答：法律關係是指根據法律規則所決定的主體之間具體行為的法律相關性。

二、1. B　2. ABD

三、1. 答：法律責任的歸責原則主要有：

（一）責任法定。責任法定是指法律歸責的過程必須依法進行。主要體現為：①歸責主體必須是依法享有歸責權力的或依法授權獲得歸責權力的主體，一般民事責任和刑事責任的歸責主體是人民法院。行政責任的歸責主體首先是行政機關，但中級規則主體也是人民法院。企業事業組織、仲裁機構等通過依法接受國家機關的授權或委託，也可能成為歸責主體。②責任主體應承擔的法律責任的種類、性質、期限、承擔方式等必須以預先生效的法律規範為依據。這一方面可以確保法律的實施，使「紙面上的法」能夠順利轉化成「行動中的法」，維護法律的權威；另一方面，這可以有效防止責任擅斷，貫徹諸如「法無明文規定不無罪」等法律原則，增進法律的確定性。另外，責任法定原則也最大限度地防止歸責主體作「有害追溯」，堅持「法不溯及既往」原則和責任自負原則。既「不用今天的法律規範昨天的行為」，也不任意地擴大歸責的範圍，杜絕歸責上的株連。③歸責主體的歸責過程必須嚴格遵守程序法。一般來說，沒有程序法的正確適用是不可能有實體法的正確適用的，因此只有歸責過程是依程序法進行的，法律責任的歸結才滿足正當性的要求，法律責任的功能才能實現。

（二）公平原則。公平、正義都是法的重要價值類型，責任法定、依法歸責就是法的公正性的體現。但法律尤其是成文法具有局限性，在法律無法提供準確的歸責依據時，歸責主體必須本著符合基本社會公正、法律公正的原則和精神進行歸責。具體表現為：①同等情況同等對待。歸責主體在裁判過程中，必須保持遵循「先例」的一貫

性,即在同樣或近似的案件中,歸責主體的裁量也必須大體相當,貫徹正義原則。②歸責要堅持「罰責相適應」。對責任主體的懲罰和其所造成的損害、主體的主觀惡性、主體違法犯罪性質等應保持大致相當。如果做不到「罰當其責」,非但不能實現法律責任的功能,而且可能造成更大意義上的不公平,損害法的正當性。③歸責過程中歸責主體要堅持法律面前人人平等原則,任何主體的違法犯罪都應受到同等的追究,但要注意恰當地區別對待,在特定情況下,只有區別對待才能達到真正的平等。

(三) 效益原則。以較小的投入產出同樣的成果或以同等的投入實現較多的產出即效益。歸責的效應原則是指針對不同的違法或犯罪,確定怎樣的法律責任要始終用效力去衡量。例如經濟犯罪的刑事責任一般都判「沒收財產」,目的是削弱或剝奪繼續犯罪的實力,從而實現法律責任的功能。

四、答:根據法律關係的一般原理,任何法律關係都必須具備主體、客體和內容三個要素。

(一) 法律關係的主體

法律關係的主體是法律關係的參加者,是法律權利的享有者和法律義務的承擔者,是構成法律關係最根本的要素,如果法律關係沒有主體的意志和行動,那麼根本就不能存在。其中權利的享有者叫作權利主體,義務承擔者叫作義務主體。

是否可以成為法律關係的主體,這是由法律所明確規定的。在不同時期,法律關係的主體有所不同,經過長期的歷史演進,一般來說法律關係的主體包括自然人和法律上的擬製人。目前就中國來講,法律關係的主體主要包括公民(自然人)、法人和其他組織。另外在特殊情況下,國家也可以成為一定法律關係的主體。

作為法律關係的參加者,相關主體資格是由法律來規定的,具體的方法就是通過確定主體的權利能力、行為能力和責任能力來賦予主體參加法律關係的資格。具備權利能力、行為能力和責任能力就是成為法律關係主體的資格和條件。

1. 權利能力

權利能力是法律關係的主體享有權利和承擔義務的資格,所有參與法律關係的主體,都必須享有權利能力。但是根據客觀主體的不同,對自然人和法人的權利能力,法律做了不同的規定。

自然人的權利能力有一般權利能力和特殊權利能力。一般權利能力是所有自然人都享有的權利能力,這種權利能力是參加一般法律活動所需要具備的資格,不能被隨意剝奪和限制,如《中華人民共和國民法總則》(2017)第十三條規定:「自然人從出生時起到死亡時止,具有民事權利能力,依法享有民事權利,承擔民事義務。」特殊權利能力則與其從事的具體法律活動有關,對其主體作了一定範圍的限制,如選舉權等。

法人的權利能力開始於法人依法成立之時,自法人解散或撤銷時消滅。

2. 行為能力

行為能力是法律關係主體能夠通過自己的活動行使權利、履行義務的能力。行為能力是當事人必須在已經具備相應的權利能力的同時,才可能通過自己的行為具體地行使權利、履行義務。

和權利能力不同,權利能力是賦予主體行使權利、履行義務的資格,而行為能力

則是承認主體可以通過自己的行為來具體實現其權利、履行其義務。行為能力以權利能力的享有為前提，但具備權利能力並不意味著當然地具備了行為能力。權利能力的設置是為了給主體提供參加法律活動的資格，而行為能力是針對主體的差異性，對主體是否可以通過自己的行為來具體實現權利和義務。

根據主體的不同，自然人的行為能力取決於自然人的年齡和健康狀況，比如《民法總則》規定，「成年人為完全民事行為能力人，可以獨立實施民事法律行為。」「八周歲以上的未成年人為限制民事行為能力人，實施民事法律行為由其法定代理人代理或者經其法定代理人同意、追認，但是可以獨立實施純獲利益的民事法律行為或者與其年齡、智力相適應的民事法律行為。」「不滿八周歲的未成年人為無民事行為能力人，由其法定代理人代理實施民事法律行為。」「不能辨認自己行為的成年人為無民事行為能力人，由其法定代理人代理實施民事法律行為。」這些都說明法律針對主體自身年齡、健康狀況的不同，規定了不同的行為能力。法人的行為能力和自然人的行為能力不同，法人的行為能力是由法人依法成立時的宗旨和業務範圍決定的，並由相關的組織章程所規定的。

3. 責任能力

責任能力是法律主體因違法等原因所引起的承擔相應法律責任的能力。責任能力與行為能力相關，一般來說沒有行為能力就沒有責任能力，有行為能力就有責任能力。但是要注意的是，行使法律關係中刑事責任能力的時候，責任能力具有相對獨立的意義。它強調主體對自己行為的性質、意義以及後果認識與持續控制的能力，以其獨特的方式指引和教育人們要理性地行為並對自己的行為負責。刑事責任能力種類與內容的確定也與主體的年齡和健康狀況有直接的關係，具體內容見中國刑法中的相關規定。

(二) 法律關係的內容

一般認為法律關係的內容包括法律權利和法律義務，具體內容見本書第七章。

(三) 法律關係的客體

法律關係客體是法律關係主體之間建立起一定法律關係所指向的具體目標，是人們通過自己的意志和行為想要改變和影響的對象，是權利和義務的具體現實載體。簡而言之，法律主體行使權利和履行義務的現實對象，就是法律關係的客體。

一般來說，現代法律制度中法律關係的客體有以下幾類：

（1）物。能成為法律關係客體的物是指能滿足人們需要，具有一定的稀缺性，並能為人們所現實支配和控制的各種物質資源。它既可以是固定形態，也可以是沒有固定形態的，如電力等；既可以是人們通過勞動創造的，也可以天然存在的，如礦石等。

（2）非物質財富。又稱為精神產品或精神財富。它主要包括兩類：一是人們運用腦力勞動創造的智力成果，如科學發明、技術成果、文藝作品等；另一類是與人身、人格相聯繫的公民和組織的肖像、名譽、隱私等，因與人特定的身分直接相連，所以不能像一般的財產關係那樣，可以按照權利主體的意志自由消滅或更改，而是有著一些特殊的法律要求，如著作權中的署名權是不能更改和轉讓的，只有主體自己能夠享有。

（3）行為。有些法律關係中，權利和義務指向的客體不是一定的物而是一定的行

為，包括為一定行為或不為一定行為。比如在家庭關係中父母和子女之間的贍養義務、撫養義務，夫妻之間的扶養義務等，都是指向的行為。

（4）其他。能夠滿足人們有關物質和精神需要的其他財富，如具有一定價值的和意義的信息等。

第六章　權利、義務與權力

一、關鍵詞解釋

1. 權力
2. 法律義務
3. 法律權利

二、簡答題

1. 權利和權力的區別

三、論述題

1. 權利和義務的關係

答案：

一、1. 答：權力是一種法律上合法設定關係和改變關係的力量。

2. 答：法律義務是法律關係中的主體以相對被動地作為或不作為的方式保障權利主體獲得利益的一種約束手段。

3. 答：法律權利是法律關係中的主體以相對自由的作為或不作為的方式獲得利益的一種手段。

二、1. 答：權利和權力的區別有很多，以下說一下它們的主要不同：

（1）在使用的主體上，公民個人行使的一般是權利，公共管理機關行使的一般是權力。

（2）在性質上，權力是公共管理機關管理社會的一種強力，並且以公共利益為目的，因此具有公益性；權利是社會成員所享有的一種法律上的利益，不具有公益性。

（3）在行使上，權力行使的目的是為了社會公共利益，具有不可放棄性，不能由權力行使者自由選擇是否行使，具有「應為性」；權利的行使是對社會主體自身利益的保護，可以依照法律選擇放棄行使。

（4）在影響上，權力行使一般可以直接支配其對象，在多數情況下直接或者間接地伴隨國家強制力；而權利主體只有在義務主體不履行義務的情況下才能訴諸公權力的保護，一般來說不允許私力救濟。

三、答：權利和義務的關係是理解權利和義務很重要的內容，在去權利和義務的

關係問題上，現在法學界比較主流的觀點是，權利和義務在總體上是對立統一的關係，總體上來說權利和義務是等量的，功能上是互補的，價值上也是一致的。

1. 權利和義務在結構上的對立統一性

權利和義務是對立統一的，它們互為前提而存在，相互之間是獨立排斥的，在一定條件下可以相互轉換。

權利的存在以義務的存在為前提，反之亦然。社會設定一個權利，必須相應地設定一個義務；反之，設定一個義務，必定會存在一個相應的權利。如設定了受教育權，那麼針對實現這個權利，就會給社會、父母和其他人都設定了相應的義務，否則這個權利就形同虛設。再比如給子女設定了贍養父母的義務，那麼父母也就相應得到了被贍養的權利。在一定條件下，某一行為既是權利也是義務，如行政機關依法行使職權。此外，在一定條件下，權利和義務還能夠相互轉化，即權利人承擔義務，義務人也可享受權利，在法律關係中的同一人既是權利主體也是義務主體。例如父母與子女之間的扶養、教育與贍養、扶助的法律關係。因此沒有無義務的權利，也沒有無權利的義務。權利和義務一方不在了，另一方也不能存在。權利和義務也是互相排斥獨立的，權利和義務是不同的事物，權利是為了主體實現利益而設置的，可以主動要求，也可以選擇放棄。義務是為了滿足權利主體的利益而設置的，是法律強制設定給義務主體的，義務人不能隨便放棄，必須按照法定的方式履行。

2. 權利和義務在功能上的互補性

在現實中，權利的實現會受到義務的制約，而義務的履行也會受到權利的限制。權利的行使以合法、守法為前提，而合法、守法在一定程度上就是一種義務，權利主體在行使權利的時候如果超越了合法的界限，其權利就不再受到保護，甚至會引起法律上的責任，義務人也不必按此要求履行。權利和義務在功能上互補，有利於實現更好的法律秩序。

3. 權利和義務在總量上的守恆性

一般來說，無論是一個人既享有權利又需要履行義務，還是一部分人享有權利，另一部分人為此履行義務，權利和義務在總量上大致應該是平等的，這也是社會公平正義的要求，權利大於義務或者義務大於權利，都是社會的不公平。

4. 權利和義務在價值上的一致性

權利和義務的設置，都是為了實現法律價值。

第七章　法系

一、關鍵詞解釋

1. 法系
2. 大陸法系
3. 英美法系

二、選擇題

1. 大陸法系和英美法系的主要區別表現在哪些方面？（　　）
   A. 法律淵源　　　　　　　　　　B. 法的分類
   C. 法典編纂　　　　　　　　　　D. 訴訟程序和判決形式
2. 下列哪些選項屬於英美法系的特徵？（　　）
   A. 法院的判例、法理等，沒有正式的法律效力
   B. 在法的基本分類中有普通法與衡平法之分
   C. 在訴訟程序上採用當事人主義
   D. 成文法是法的淵源之一

三、簡答題

1. 大陸法系和英美法系的區別
2. 大陸法系的特點

答案：

一、1. 答：法系是指具有共同歷史傳統和外部特徵的若干個國家和地區的法律制度的總稱。

2. 答：大陸法系，也稱羅馬—日耳曼法系、民法法系、法典法系，是指以古羅馬法為基礎、以十九世紀初《法國民法典》發展起來的國家和地區法律制度的總稱。

3. 答：英美法系，又叫作普通法法系、海洋法系，是指以英國中世紀的法律，特別是普通法為基礎產生和發展起來的，以英國法和美國法為代表，以及在英美法律傳統的影響下所形成的具有共同外部特徵的各個國家和地區的法律制度的總稱。

二、1. ABCD　2. BC

三、1. 答：①法律淵源的差異。制定法是大陸法系國家最主要甚至是唯一的法律淵源。英美法系國家的法律淵源主要是由判例法和制定法構成的。②法律分類的區別。大陸法系國家，法律被分為公法和私法。英美法系國家，分為衡平法和普通法。③法典化的不同。大陸法系國家一直實行法典化。英美法系國家傳統上不實行法典化。④適用法律技術的不同。大陸法系國家，法官審理案件時，除了確定事實外，首先考慮的是有關制定法如何規定，然後再結合個案進行判斷，這一過程被稱為演繹推理。英美法系國家，法官需要從有約束力的先例中發現可以適用於當前案件中的相似判例，並從中總結一般性規則或原則，再用來指導具體案件的審判。⑤訴訟程序的差異。大陸法系國家採用糾問制訴訟，英美法系國家採用對抗制訴訟。

2. 答：（1）強調私法和公法之間的區分

大陸法系對於法律有公法和私法的劃分，這是羅馬法所首創。一方面，由於其獨特的海洋文明、發達的商品經濟，在私法方面一直發達且重視，而公法方面就稍顯其弱。對比限制公權力濫用的公法，其在保護私權利方面的私法無微不至。另一方面因為西方的封建制度，「我的領主的領主並非我的領主，我的附庸的附庸也並非我的附

庸」這樣涇渭分明的法律地位和權利劃分，使得對於私權利的保護也是有效的。與此同時，以《聖經》為主要淵源的教會法強調上帝面前人人平等，強調誠實信用，注重交易安全；並在私法的婚姻、家庭、集成方面對後世產生了深刻的影響。文藝復興等的運動，強調以人為本的思想。這些方方面面都是私法上的法律思想和法律制度的不斷完善和加強。

(2) 強調理性和哲理的指導作用

對於以羅馬法為基礎建立起來的大陸法系，羅馬法的精神對於其整個法律體系內在影響深遠。羅馬法的精神支柱——理性主義，構成了大陸法系哲學傳統的基本精神。古希臘的理性思想先是通過羅馬法將其私法化，形成一個理性思想的私法體系。中世紀的阿奎那等在形式上將其神學化，但理性的光輝依然在。中世紀後期和近代前期，隨著商品經濟的發展和國家——社會的二元對立，從古希臘和古羅馬傳承下來的理性思想和理性法再度融合，轉換成完整而體系化的古典自然法學說，有機地完善了大陸法系的私法原則並形成公法的基本理論從而樹立起了大陸法系的精神支柱。理性主義的載體就是自然法思想。

(3) 法學家在立法中的重要作用

由於秉承著理性主義的思維方式和自然法的影響，法被看作是根據正義觀念而被公認的權利和義務的學說體系。反應在立法上，大陸法系依循一定法律學說的指導通過立法機關來表達一般的抽象原則，法學家自然在立法中起指導作用。

在法的觀念上，人們認為理性是唯一可靠的認知方法，而和經驗主義相反，通過理性力量，人們可以發現一個理想的法律體系，並以此建立各種規則和原則，將其作為法典的指導。在這裡面法學家起著非常重要的作用，從古羅馬的時代，烏爾比安等法學家就在一定程度上起著立法者的作用，他們的學說甚至可以直接用於司法斷案，具有和皇帝敕令一樣的法律效力。目前的大陸法系的許多基本原則，都是法學家思考的產物，法學家的理論對於整個大陸法系的產生和發展都起著至關重要的作用。

(4) 法律法典化及其獨特的淵源

有無法典的存在並不是區別大陸法系和英美法系的依據，大陸法系的大多數國家固然有法典，但在英美法系國家，很多部門法內也存在著系統化的法典。比如英美法系的代表——美國，也有其著名的商法典。但是作為大陸法系的特點之一，大陸法系的國家更加注重制定系統化的法典，理性主義的精神和傳統，法學家的重要作用，相信理性的判斷，相信立法者的判斷和前瞻，因此更加重視制定一部完善系統的法典來指導法律實踐，從《法國民法典》到《德國民法典》，這些法典都對於法律的發展、社會的變化有著至關重要、不可忽略的影響。而相比較之下，英美法系的國家更加注重法官造法，在判例中去尋求司法精神和司法審判的依據。

第八章　法的制定

一、關鍵詞解釋

1. 立法
2. 立法程序

二、論述題

1. 法律制定的分類
2. 簡述中國的立法程序

答案：

一、1. 答：立法，又稱為法律制定，是指有立法權的國家機關遵循掌握國家政權的社會集團的意志，根據一定的指導思想和基本原則，依照法定的權限和程序，使之上升為國家意志從而創制、修改、廢除法律的專門活動。

2. 答：立法程序是指享有立法權的國家機關在創制、修改、廢止法律的活動中必須履行的法定步驟。

二、答：根據立法主體的性質、立法權限等方面的不同，立法活動的分類可以有以下幾種。

（1）專制的立法和民主的立法

這是根據立法主體的政治性質不同所做的分類。在歷史上享有立法權的主體主要有兩個，一個是專制君主，一個是民選的代議機關。對於君主享有立法權，由君主獨斷立法的稱為專制的立法，這種立法模式下由君主專制行使立法權，立法的目的也是為了方便專制君主維護其統治秩序和專制利益。另一種是由人民所選舉的代議機關行使立法權，這種立法活動是在法定權限內按照一定的程序進行的，其制定的法律代表著人民的公意，立法權實際上的所有者是人民。需要注意的是，在君主立憲制的國家裡，雖然名義上立法權是君主的，實際上依然是由代議機關行使和決議的，這種模式依然是民主的立法。

（2）代議機關的立法和行政機關的立法

這是在民主立法模式的內部所做的區分。廣義上的立法，不僅僅指代議機關所行使立法權的活動，也指有相關職能的國家機關的立法活動。根據三權分立的理論，代議機關行使立法權，行政機關執行法律。但是在具體的社會生活中，代議機關制定基本的法律，而在某些具體的社會領域，行政機關也會制定一些行政規章來更加方便行使管理國家的職能，以此應對日益複雜的社會生活。

（3）中央立法和地方立法

這是根據立法權限和立法主體所做的劃分。中央立法是由中央國家機關所做的在

全國範圍內均有效的立法，地方立法是地方機關針對本地所做的只在本地區範圍內生效的立法。在單一制國家裡，地方立法的效力是要低於中央立法的效力，地方法規不能與中央的規定相抵觸，否則自動失效。而在聯邦制的國家裡，地方立法是可以和聯邦立法並行的，雙方並不是絕對的相抵觸而聯邦立法的效力更高。

（4）職權立法和授權立法

這是根據立法主體的立法權限的來源所做的分類。職權立法是指立法主體的立法權限來自法律的明確規定，授權立法是指立法主體的立法權限來自其他機關的依法授權。前著具有一般性和穩定性，後者具有特殊性和機動性。

2. 答：中國目前的立法程序已基本法律化和制度化，這裡主要介紹一下全國人民代表大會及其常務委員會的立法程序。根據中國《憲法》《全國人民代表大會組織法》《立法法》《全國人民代表大會議事規則》和《全國人民代表大會常務委員會議事規則》等法律的規定，中國立法程序包括提出法律案、審議法律案、表決和通過法律草案、公布法律這四道程序。

（1）提出法律案

提出法律議案是指依法享有立法提案權的機構或人員按照一定的程序向立法機關提出、提請法律制定機關列入議程討論決定的關於創制、修改、補充或廢止某項法律的動議。根據有關法律的規定，享有向全國人民代表大會及其常務委員會提出法律議案權的有：第一，在全國人民代表大會開會期間，一個代表團或者30名以上的代表，可以向全國人民代表提出屬於全國人民代表大會職權範圍內的議案。第二，全國人民代表大會常務委員會組成人員10人以上可以向常務委員會提出屬於常務委員會職權範圍的議案。第三，國務院向全國人民代表大會及其常務委員會提出的法律案。第四，最高司法機關和軍事機關向全國人民代表大會及其常務委員會提出議案。

（2）審議法律草案

提出的法律議案被列入會議議程後就進入審議程序，立法機關就開始對會議中的法律案進行審議討論。根據《立法法》的規定，全國人民代表大會對法律草案的審議一般經過以下五個步驟：第一，提案人說明，即立法提案者向大會作關於該法律案的說明；第二，分別審議，即各代表團和有關的專門委員會分別對該法律案進行審議；第三，統一審議，即由法律委員會匯總各代表團和專門委員會的審議意見，並對法律草案進行統一審議，向大會主席團提出審議結果報告和法律案修改稿；第四，主席團決定，即大會主席團審議法律委員會提出的審議結果的報告以及該法律案修改稿，並決定提交大會審議；第五，大會審議，即大會全體會議以一定方式、規則對法律案進行審議。任何法案一旦列入大會議程，在提請大會表決前必須經過大會全體會議的審議，這是立法民主性的基本要求。

審議法律案是立法程序中非常重要的內容，是立法機關的代表對於法律提案的看法討論，旨在讓各個法律提案都能經過充分的討論而認識到法案的內容和利弊，以方便之後的表決，是否能夠通過而上升為法律的重要環節。這也是民主立法的要求和體現。

（3）表決和通過法律草案

表決法律草案是立法機關對經過審議的法律草案以一定的方式表示最終的態度，即由立法機關的組成人員最後對法律案表示讚成或者不讚成或棄權的態度。這是立法程序中具有決定性意義的步驟。

法律議案只有經過表決，才能決定是否被通過。通過的原則是多數原則，一般分為絕對多數和簡單多數。根據中國憲法和法律的規定，憲法修正案須有全國人民代表大會全體代表的三分之二以上多數讚成才能通過，即採取絕對多數原則。法律草案只要有全國人民代表大會全體代表的過半數或全國人民代表大會常務委員會全體組成人員的過半數讚成，即為通過，這是採用簡單多數的原則。

（4）公布法律

公布法律是指法律制定機關在法定的專門刊物上，對立法機關通過的法律予以正式公布。中國憲法規定，國家主席根據全國人民代表大會及其常務委員會的決定公布法律。法律公布後，應當及時在制定機關的公報上刊登，並應當在全國範圍普遍發行的報紙上刊登。法律公布與法律實施有密切聯繫。未經公布的法律不能認為已經發生效力，不能予以實施。

第九章　法的實施

一、關鍵詞解釋

1. 執法
2. 司法
3. 守法

二、選擇題

1. 黃某是甲縣人事局的幹部，他向縣檢察院舉報了人事局領導葉某在幹部調配中收受錢財的行為，兩個月後未見動靜。黃某幾經努力，才弄清是檢察院的章某把舉報信私下扣住給了葉某。黃某於是又向縣人大、市檢察院舉報章某的行為。黃某這一行為屬於下列哪一種？（　　）

　　A. 法律適用　　　　　　　　B. 守法
　　C. 執法　　　　　　　　　　D. 法律解釋

2. 下列哪些行為不符合中國法律的適用原則？（　　）

　　A. 法官李某為辦好案件，與原告、被告雙方的代理人分別有多次私下接觸
　　B. 族長吩咐，強姦案的被害人趙某及其家人不許向公安局報案，由強姦實施人董某向趙某賠償 5,000 元
　　C. 在處理合同糾紛時，歐陽法官接到市委書記的批條，指示不能判外地企業勝訴

  D. 監獄根據法定的情況沒有將因貪污、受賄被判處十年有期徒刑的原局長萬某收監執行

  3. 甲因乙不能償還欠款將其告上法庭，並稱有相關證據被公安機關辦理其他案件時予以扣押，故不能提供證據。法官負責任地到公安機關調查，並複製了相關證據材料。此舉使甲最終勝訴。從法理學角度看，對該案的下列說法，哪些可以成立？（　　）

  A. 本案的承辦法官對「以事實為依據，以法律為準繩」原則有著正確的理解
  B. 法官在審理此案時，違背了法官中立原則
  C. 本案的承辦法官對司法公正的認識有關，法律職業素養有待提高
  D. 本案的審理較好地體現了通過審判保障公民權利的司法功能

三、簡答題

  1. 執法與司法的區別

四、論述題

  1. 執法的基本原則

答案：

  一、1. 答：執法是指國家行政機關和法律委託的組織及其公職人員依照法定職權和程序行使行政管理權，貫徹實施國家權力機關，即立法機關所制定法律的活動。

  2. 答：司法是指國家司法機關依據法定職權和法定程序，具體運用法律處理案件的專門活動。

  3. 答：法律遵守與守法是同一概念，指國家機關、社會組織和每個公民，依照法律的規定，行使權利、履行義務的活動，即一個國家和社會的各個主體嚴格依法辦事的活動和狀態。

  二、1. B　2. ABC　3. AD

  三、1. 答：（1）主體不同

  司法是由司法機關及其公職人員適用法律的活動，在中國司法主體只能是法院和檢察院，其他任何主體都不能進行司法活動。執法一般是行政機關及其工作人員執行法律的活動，執法的主體和司法主體是不同的。

  （2）兩者的對象不同

  司法的本質是一種判斷，是對刑事、民事或行政案件及各類司法裁判的糾紛進行審查或檢察監督，作出裁判。而執法是一種管理，行政機關以國家的名義對社會進行組織、協調、管制和服務，行政管理的事務涉及社會生活各個方面，執法的對象遠比司法廣泛。

  （3）兩者的程序性要求不同

  司法活動要遵循嚴格的程序法規定，如果違反將導致司法裁判的不合法，結果往往是無效的，從而要承擔一定的法律責任。而大部分執法活動雖然也有相應的程序性

規定，但為了提高執法的效力，執法程序沒有司法程序那樣嚴格和複雜。

(4) 兩者的地位不同

司法活動具有被動性，審判活動要貫徹「不告不理」原則，案件的發生、糾紛的產生和當事人的請求是引起審判活動的前提，裁判時要貫徹中立性原則，做到不偏不倚、中立客觀。而執法活動具有較強的經常性和主動性，行政機關應積極地依法實施行政管理的職能，在處理社會矛盾或糾紛時也具有一定的傾向性，這是行政機關履行社會事務職能的性質所決定的。

四、1. 答：

(一) 合法性原則

依法行政原則，又稱合法性原則，是指行政機關實施行政管理，要嚴格按照法定權限和程序行使權力、履行職責；未經法律許可，行政機關不得做出影響公民、法人和其他組織合法權益或者增加公民、法人和其他組織義務的決定。這一原則是法治國家對行政的第一要求，是防止行政權濫用的最重要的防線。

合法性原則一般包括以下的內容：①執法主體的設立和執法職權的存在要合法。執法主體的資格必須是法律賦予或者根據法律的規定由有權力的機關授予或委託的，這種職權只能是在法律允許的範圍內，遵循「法無明文許可則禁止」，法律有明確授予的職權才能行使。②行政執法行為要合法。一般來說行政執法行為要合法，需要執法主體按照法律的規定、符合法定權限、依據法律規定的程序進行。

(二) 合理性原則

合理性原則是針對合法性原則所做的補充，是指執法主體的執法行為應當客觀、適度，在法律規定的範圍內體現公平、正義的要求。執法行為僅僅在法律規定的範圍內行使，有時候也會造成行為的不妥當，由於執法行為往往具有很大的靈活性，法律會規定一個有比較大的自由裁量權的範圍，讓執法行為可以按照具體實際情況作出合理的處理。僅僅僵化地依照法律的規定「一刀切」的行為方式，並不注重執法的現實效果。但是這個較大的自由裁量權執法的時候應該如何取捨，這時候就需要結合合理性原則，執法主體在行使自由裁量權進行執法活動的時候，就應該遵循公平、公正的原則，平等地對待行政相對人，客觀地行為。這樣才能使執法行為真正地能夠符合法律的宗旨和精神。

(1) 正當程序原則

正當程序原則是要求執法主體的執法活動必須要符合法定的程序，這是法律對執法行為的有效控制，能夠切實地防止權力濫用，同時符合法定的程序本身也使得執法行為獲得了正當性。執法的程序正當的標準是行政程序公開；行政主體嚴格按照法定程序行使權力、履行職責；保護相對人的聽證權、辯論權、迴避權等程序性權利。

正當程序原則與合法性原則有一定的交叉重疊關係，但與合法性原則不同的是，正當程序原則除了要求在有法律規定時嚴格執行行政程序法的規定外，在某些情況下，即使沒有程序立法規定，行政機關也應當在該原則的指導下制定執法的程序規範；如果行政機關自身也缺乏相應規定，在考察行政相對人對行政行為的異議時，可以以該原則作為執法行為程序和結果正當與否的判斷標準。

107

（2）效率原則

效率原則主要包括兩個方面：①該原則要求行政機關進行執法時，對不同社會主體之間的利益、個人利益與公共利益進行權衡和取捨時，要考慮社會的總成本與總投入之間的關係，要盡可能地以最小的社會成本獲得最大的社會經濟效益。②行政機關進行執法活動時，也要考慮自身的執法成本與執法效益的比值問題，以最小的成本獲得最大的收益。行政執法的效率原則要求是由行政活動本身的性質決定的。

執法效率原則要求執法主體從保護公民權利和國家利益出發對行政相對人的各項要求及時做出反應，克服部門保護主義；行政機關實施行政管理，應當遵守法定時限，積極履行法定職責，提高辦事效率；行政機關要精簡機構，降低管理成本，提高政府辦事效率；積極探索對政府立法項目尤其是經濟立法項目的成本效益分析制度，政府立法不僅要考慮立法過程成本，還要研究其實施後的執法成本和社會成本；行政機關制定的制度要公開透明，行政機關的信息資源應當盡量共享，這是提高行政效率的基礎。

（3）誠實守信原則

誠實守信原則是指行政機關進行執法活動時要講誠實、守信用，要求除涉及國家秘密和依法受到保護的商業秘密、個人隱私的事項外，行政機關應當公開政府信息；公開的信息應當是準確、全面、真實的；行政機關發布的政策和做出的決定要保持相對穩定，不能朝令夕改，確需改變的應該盡可能地給相對人提供合理的預期，由此造成相對人受損害的，行政機關要依法給予補償，非因法定事由並經法定程序，行政機關不得撤銷、變更已經生效的行政決定。誠實守信原則能夠更好確立執法機關執法活動的權威性，避免朝令夕改，給相對人提供合理的預期，使相對人的活動可以更好地調控風險。

（4）責任原則

責任原則是指執法主體必須對自己的執法行為承擔責任。由於在執法活動中權力的行使本身很可能給相對人造成損害，那麼在損害發生的時候應該讓執法主體能自己承擔責任以給予相對人救濟。

行政責任發生一般有三種情形：①違反法律的行政行為；②行政不當損害相對人的利益；③行政行為實施上造成相對人權益的損害。對於這三種情形執法主體都應該承擔相應的法律責任。前兩種情況下產生的責任是行政損害賠償責任，最後一種情形下產生的是行政的損失補償責任。

第十章　法的監督

一、關鍵詞解釋

1. 法律監督
2. 國家法律監督

3. 社會法律監督

二、選擇題

1. 類似「焦點訪談」這種被稱為「第四種權力」的監督在監督體系中發揮越來越重要的作用，這種監督屬於（　　）

  A. 國家機關監督　　　　　　　　B. 社會輿論監督
  C. 社會組織監督　　　　　　　　D. 人民政協監督

三、簡答題

1. 輿論監督

四、論述題

1. 權力機關的法律監督

答案

一、1. 答：法律監督指國家機關、各政黨、社會團體、公民，對於法律運行和操作過程，包括立法、執法、司法活動的程序及其結果是否合法所實施的評價和督導。

2. 答：國家法律監督是一種法定監督，指國家機關以國家名義進行的、由國家強制力保證實施的、具有法律效力的監督。

3. 答：社會法律監督指的是國家機關以外的，包括社會組織、政治團體、人民群眾等通過多種手段和途徑對執法、司法和守法行為的督促。

二、1. B

三、1. 答：社會輿論監督是新聞媒體利用廣播、電視、網路、報紙雜誌等大眾傳媒，對國家立法和實施法律的活動進行監督。輿論監督雖然沒有法律強制力，但是由於它傳播速度快、影響大、範圍廣，對被監督者形成強大的壓力，也被稱為第四種權力，對於違法亂紀行為的監督起著重要的作用。

輿論監督的主要方式是：對國家機關及其工作人員的違法失職行為和不當行為曝光、評論和批評，促使其及時糾正；通過民意調查瞭解公民對現行法律及其實施的評價；以內部報告的形式直接向有關機關反應民意。

四、1. 答：權力機關的法律監督，是各級權力機關對法律的制定和實施的合法性進行的監督，包括監督立法活動和監督執法、司法活動。在中國，就是指國家權力機關——全國人民代表大會及其常務委員會和地方各級人民代表大會及其常務委員會不僅享有立法權，也享有法律監督權，其監督權針對行政機關、司法機關等所有的國家機關。

根據憲法和法律的規定，中國的國家權力機關的監督主要有兩種：

（1）對立法活動的監督

對立法活動的監督是指國家權力機關對制定規範性法律文件的權力行使進行的監督，其目的是保證國家法制的統一。主要有：①全國人民代表大會有權改變或撤銷全

國人民代表大會常務委員會不適當的決定。縣級以上地方各級人民代表大會有權改變或撤銷本級人民代表大會常務委員會不適當的決定。②對國務院制定的行政法規、決定和命令的監督，全國人民代表大會常務委員會有權撤銷國務院制定的同憲法、法律相抵觸的行政法規。縣級以上地方各級人民代表大會常務委員會有權撤銷本級人民政府不適當的決定和命令，撤銷下一級人民代表大會不適當的決定。③對省、直轄市的人民代表大會制定的地方性法規和民族自治地方的人民代表大會制定的自治條例和單行條例的監督。全國人民代表大會常務委員會有權撤銷省、自治區、直轄市權力機關制定的同憲法、法律和行政法規相抵觸的地方性法規和決議。④對同外國締結的條約和協定進行監督。中國同他國締結的關於政治、經濟、文化、軍事、法律等方面的條約和協定，也是中國法律淵源之一，全國人民代表大會常務委員會有權批准或廢除中國同外國締結的條約和協定，也是權力機關法律監督的一種。⑤對授權立法的監督。包括對授權國務院制定的暫行規定和條例的監督和對授權制定的經濟特區的各項單行經濟法規的監督。

監督這些規範性法律文件不得同憲法、法律等相抵觸，保證法制的統一，並且立法的權限和過程也必須符合法律的規定。

（2）對實施法律活動的監督

對實施法律的活動的監督就是對於行政和司法的監督，目的在於督促行政和司法機關正確、有效地執行憲法和法律，其對象是行政機關的執法活動和司法機關的適用法律的活動。根據憲法和法律的規定，各級的行政、司法機關對產生它的同級權力機關複雜並受其監督。權力機關監督的方式有：聽取工作報告和匯報，提出詢問和質詢，視察和調查，提出批評、建議和受理申訴檢舉，罷免有關人員的職務等。

應該注意的是，權力機關對於司法機關的監督，應當考慮司法的終局性、中立性和獨立性，注重司法活動的專業性，不能將監督變為對司法的干預。

大綱熱點

第一章　法的概念

教學大綱：

一、章節性質、目的和培養目標

　　章節類型：基礎法律概念
　　章節性質：必須掌握的內容
　　章節教學目的：本章的教學目標是通過對法的特徵和法律本質的基本知識點的系統性和重點性闡述，要求學生對法的基本概念含義、法的基本特徵和法律本質這類的基本知識的掌握，瞭解法律的同時在教學過程中向學生介紹現存理論上還存在分歧的問題，啓發學生思維。

二、章節內容

　　本章教學內容主要包括三個主要問題：法和法律的詞源含義、法的特徵和法律的本質。本章首先通過從法和法律的東西方詞源來由的不同，介紹了關於法的歷史含義和功能。其次通過與其他社會規範的比較，詳細闡述了法律的國家創制性、國家強制性、普遍適用性和特殊規範性的特徵。以上兩方面的內容也可以看作是法的外部特徵，而接下來最後闡述了法律的本質，通過對相關法學學說的介紹，最後主要論述了馬克思主義關於法的本質的認識，這也可以看作是法律的內在特徵。對法的內在和外在特徵的全方位介紹，希望能夠對法律有一個比較深入的理解。

三、章節熱點

　　1. 法的詞源解釋
　　2. 法的特徵
　　3. 法律本質的相關學說
　　4. 法律的本質

第二章　法的淵源和法律分類

教學大綱

一、章節性質、目的和培養目標

　　章節類型：基礎法律概念

　　章節性質：必須掌握的內容

　　章節教學目的：本章的教學目標是通過對法的淵源和法律分類的基本知識點的系統性和重點性闡述，要求學生對法律淵源的含義、法律淵源的內容、法律類別這類的基本知識的掌握，重點掌握中國的法律淵源。通過對法律的分類依據和各種類別的介紹，使學生對於法律的基本概念有更加深刻的瞭解。

二、章節內容

　　本章教學內容主要包括兩個主要問題：法律淵源和法律分類。首先對法律淵源的實質含義和形式含義都做了介紹，重點對形式上的法律淵源的類別進行了詳細的介紹，然後針對一般的類別，闡述了中國當前的法律淵源。其次介紹了比較重要的幾種法律的分類，對於法律分類的依據和各自的特點，必須要重點掌握。

三、章節熱點

1. 法律淵源的含義
2. 法律淵源的類別
3. 中國當前主要的法律淵源
4. 法律的各種分類依據及內容

第三章　法律結構和法律效力

教學大綱

一、章節性質、目的和培養目標

　　章節類型：基礎法律知識

　　章節性質：必須掌握的內容

　　章節目的：本章的教學目標是通過對法律結構和法律效力的相關基本知識的闡釋，讓學生能夠明確法律規範的系統性，法律效力以法律規範為基礎，以及讓學生能夠進一步地更好地理解法律的內涵。

二、章節內容

本章主要包括兩個主要問題：法律結構與法律效力。對於法律結構中的每個法律要素都要理解透澈，也即法律概念、法律規則、法律原則和技術性規定這四項法律要素。關於法律效力，本章主要從定義、等級、範圍這三個方面對其進行分析。在其中，要對法律效力範圍中的對象效力範圍、時間效力範圍和空間效力範圍做重點理解。

三、章節熱點

1. 法律結構中的四個基本要素
2. 法律的對象效力範圍
3. 法律的時間效力範圍
4. 法律的空間效力範圍

第四章　法的價值和法律行為

教學大綱

一、章節性質、目的和培養目標

　　章節類型：基礎法律概念
　　章節性質：必須掌握的內容
　　章節教學目的：本章的教學目標是通過對法的價值和法律行為的基本知識點的系統性和重點性闡述，要求學生對法的幾種價值有一個初步的瞭解和印象，理解法律與秩序、法律與自由、法律與正義、法律與平等的關係，還有對法律行為的基本分類這種的基本知識進行掌握。

二、章節內容

　　本章教學內容主要包括兩個主要問題：法律價值和法律行為。法律價值是關於法律內在特徵的探討，應該瞭解法律的五個基本價值——秩序、自由、正義、平等、效率，它們與法律的關係，法律應該有怎樣的內在要求，這些都是法律應該體現出來的。法律配置權利和義務是通過法律行為所表現出來的，立法上配置權利和義務通過規定何種行為可為、何種行為禁止來構建法律規定的具體內容，人們也是通過具體的法律行為來行使權利、履行義務、行使職責等。法律行為的幾種基本分類有利於對法律行為的深入瞭解，需要重點掌握。

三、章節熱點

1. 法的幾種價值及其各自的內容
2. 法律行為的基本分類

第五章　法律關係和法律責任

教學大綱

一、章節性質、目的和培養目標

　　章節類型：核心法律知識

　　章節性質：必須掌握的內容

　　章節目的：本章的教學目標是通過對法律關係和法律責任的基本知識點的系統性和重點性闡述，保證學生從靜態和動態兩個方面對法律關係和法律責任的基本知識的掌握，同時在教學過程中介紹學術前沿問題上的分歧與觀點，啓發學生思維。

二、章節內容

　　本章教學內容主要包括兩個主要問題：法律關係與法律責任。對於這兩大問題，可以分別從靜態和動態兩個層面對其進行分析。關於法律關係，從靜態層面分析，即法律關係的內涵、構成要素和分類；從動態層面分析，即法律關係的運行狀態，其中包括法律關係的產生、變更和消滅。關於法律責任，從靜態層面分析，也即法律責任的內涵和種類；從動態層面分析，也即法律責任的產生、功能和責任的歸結、承擔和免除等問題。

三、章節熱點

1. 法律關係的分類
2. 法律關係的產生、變更和消滅
3. 法律責任的功能
4. 法律責任的歸結、承擔和免除

第六章　權利、義務和權力

教學大綱

一、章節性質、目的和培養目標

　　章節類型：基礎法律知識

　　章節性質：必須掌握的內容

　　章節目的：本章的教學目標是通過對權利、義務和權力的相關知識的梳理，讓學生可以清晰地明確權利、義務和權力各自的內涵，以及掌握這三者之間的相互關係。

二、章節內容

　　本章教學內容主要包括兩個主要問題：權利、義務和權力各自的概念分析以及權利和義務、權利和權力之間的關係。對於權利、義務和權力各自的概念分析可以從概念界定、特徵、分類等方面進行。明確三者概念的基礎上，要重點掌握權利與權力的關係和區別，以及權利與義務之間的相互關係。本章的重點是權利的構成要素、權利與權力的區別以及權利與義務的相互關係。

三、章節熱點

　　1. 權利的構成要素
　　2. 權利與義務的相互關係
　　3. 權利與權力的關係和區別

第七章　法系

教學大綱

一、章節性質、目的和培養目標

　　章節類型：基礎法學概念
　　章節性質：必須掌握的內容
　　章節教學目的：本章的教學目標是對法系的基本知識點的系統性和重點性闡述，希望學生通過瞭解法系的相關分類和大陸法系、英美法系的分佈情況和特點，對法系知識有一個基礎性的掌握。還介紹了一些關於法系的歷史傳統和發展趨勢等，以此啟發學生的聯想和思維。

二、章節內容

　　本章教學內容主要是介紹了法系的定義和分類，由此對當今最為重要的西方兩大法系的歷史傳統、特徵進行了闡釋，希望學生能瞭解兩大法系的形成由來、區別和聯繫，掌握它們的共同性和區別性，看到法系發展的趨勢。

三、章節熱點

　　1. 法系的分類
　　2. 大陸法系
　　3. 英美法系
　　4. 大陸法系和英美法系的區別

第八章　法的制定

教學大綱

一、章節性質、目的和培養目標

　　章節類型：法律的基礎知識

　　章節性質：必須掌握的內容

　　章節目的：法的制定也即立法活動，立法活動是法的動態狀況，同時也是法的適用的起點。本章的教學目標是介紹中國立法活動的基本制度知識和立法活動的基本程序，讓學生從動態層面熟悉法律的基本適用過程。在本章的學習過程中，應適當結合《立法法》的相關知識，更加完整地瞭解中國的立法活動。

二、章節內容

　　法的制定也即立法活動，立法活動是法的動態狀況，同時也是法的適用的起點。本章主要從法律制定的基本知識、立法理念、立法體制以及立法程序這四個方面對法的制定進行分析。其中，立法理念屬於原則性知識，而立法程序則偏重於操作性知識。通過本章的學習，應當明確中國目前的立法體制。

三、章節熱點

　　1. 中國的立法理念
　　2. 中國當前的立法體制

第九章　法的實施

教學大綱

一、章節性質、目的和培養目標

　　章節類型：法律的基礎知識

　　章節性質：必須掌握的內容

　　章節教學目的：本章的教學目標是通過對法律實施這一基本知識點的系統性和重點性闡述，要求學生對法律的實施從守法、執法和司法三方面進行掌握，全面地瞭解法律整個實施的過程。

二、章節內容

　　本章教學內容主要包括三個主要問題：遵守法律、執行法律和適用法律。本章從

主體、範圍、原則等方面去介紹守法、執法和司法的構成要素和行使原則,希望學生能夠對法律實施的整個過程有一個宏觀的瞭解和把握。重點介紹了執法和司法的基本原則。

三、章節熱點

1. 法律實施的主體
2. 執法的基本原則
3. 司法的基本原則

第十章　法律監督

教學大綱

一、章節性質、目的和培養目標

　　章節類型:基礎法律概念

　　章節性質:必須掌握的內容

　　章節教學目的:本章的教學目標是通過對法律監督的基本知識點的系統性和重點性闡述,希望學生能夠對國家法律監督和社會法律監督兩方面來理解,特別是掌握國家法律監督的主體、職權相關的內容,對於社會法律監督也要有一些初步的瞭解。

二、章節內容

　　本章教學內容主要包括兩個主要問題:國家法律監督和社會法律監督。法律監督屬於法律運行的重要環節,也是現代法治系統的重要組成要素。本章首先介紹了法律監督的概念和構成,系統地闡述了法律監督的國家監督和社會監督兩種,並且對於中國的相關法律監督也一併介紹。希望學生能夠通過對基礎知識的學習,掌握各種法律監督的優劣並能夠進行評價。

三、章節熱點

1. 法律監督模式
2. 國家法律監督的主體和職權
3. 輿論法律監督

國家圖書館出版品預行編目(CIP)資料

法理學/ 呂剛 主編. -- 第一版.
-- 臺北市：崧博出版：崧燁文化發行，2018.09

面； 公分

ISBN 978-957-735-440-2(平裝)

1.法理學

580.1　　　　107014987

書　　名：法理學
作　　者：呂剛 主編
發 行 人：黃振庭
出 版 者：崧博出版事業有限公司
發 行 者：崧燁文化事業有限公司
E-mail：sonbookservice@gmail.com
粉絲頁　　　　　　網　址：
地　　址：台北市中正區重慶南路一段六十一號八樓815室
8F.-815, No.61, Sec. 1, Chongqing S. Rd., Zhongzheng Dist., Taipei City 100, Taiwan (R.O.C.)
電　　話：(02)2370-3310　傳　真：(02) 2370-3210

總 經 銷：紅螞蟻圖書有限公司
地　　址：台北市內湖區舊宗路二段 121 巷 19 號
電　　話：02-2795-3656　傳真：02-2795-4100　網址：
印　　刷：京峯彩色印刷有限公司（京峰數位）

　　本書版權為西南財經大學出版社所有授權崧博出版事業有限公司獨家發行電子書繁體字版。若有其他相關權利及授權需求請與本公司聯繫。

定價：250元

發行日期：2018 年 9 月第一版

◎ 本書以POD印製發行